京都の渡来文化と朝鮮通信使

仲尾 宏 NAKAO Hiroshi

阿吽社

函谷鉾〔かんこぼこ〕の前掛〔まえかけ〕── 祇園祭において、国際性をきわだたせ、人々に強い印象を与えているものは、山鉾〔やまぼこ〕とよばれる山車〔だし〕の掛物〔かけもの〕である。祭りの主催者である京都の町人たちは、莫大な財を投じて山や鉾を飾りたてた。函谷鉾の前掛は16世紀に海外で制作された飾り毛織。図柄の主題は旧約聖書の「イサクの嫁選び」で、その工芸品としての価値から、鯉山〔こいやま〕や鶏鉾〔にわとりぼこ〕のそれとともに、国の重要文化財に指定されている。1718年（享保三）に新調されたもの。写真：喜多章。［プロローグ参照］

高野新笠〔たかののにいがさ〕**陵墓**――桓武天皇は、生母・高野新笠の出身氏族である百済の武寧王の血を引く和氏をはじめ、秦氏・坂上氏・菅野氏など渡来系氏族を彼の朝廷で重く用いた。その母后は、彼女の故地であり、また桓武天皇自身が幼時を過ごしたであろう洛西大枝の地に葬られている。京都市西京区。［Ⅰ－２章参照］

清涼寺〔せいりょうじ〕釈迦如来〔しゃかにょらい〕立像――はるばる中国から洛西嵯峨の地に持ち運ばれたこの瑞像は、釈迦生き写しの像として多くの人々に尊崇された。像高160センチ、胎内に経典、絹で作られた五臓六腑、開祖奝然〔ちょうねん〕が義蔵と交わした結縁朱印状などが納入されている。のちにこの像の模刻が盛んとなる。国宝。京都市右京区。写真提供：清涼寺（嵯峨釈迦堂)。［Ⅰ－3章参照］

朝鮮の陶磁器・粉青刷毛目碗〔ふんせいはけめわん〕――鉄分を多く含んだ赤茶色の比較的粗い素地であるが、高台の処理は丁重になされている。刷毛目とはろくろを回しながら白泥を刷毛で一気呵成に塗り回す技法で、その感覚は造ろうとして造れるものではなく、自然体のままの陶工が創りだし、生み出した世界である。朝鮮時代の陶磁器の魅力はそうしたところに集約できるであろう。生産地は16世紀の韓国南部と推測される。公益財団法人高麗美術館蔵。［Ⅱ－3章参照］

萬福寺〔まんぷくじ〕**窟門**〔くつもん〕── いかにも中国風の門である。この門をくぐって進むと、黄檗樹〔おうばくじゅ〕（和名キハダ）という樹木が植えられている。中国の黄檗山の山号もこの樹が多いことから名づけられたといわれており、植生までも中国の古黄檗にならったのであろう。京都府宇治市。［Ⅱ－５章参照］

慈照院〔じしょういん〕正門——慈照院は相国寺〔しょうこくじ〕塔頭〔たっちゅう〕の一つ。今も足利義政の香華所〔こうげしょ〕であり、義政ゆかりの遺品などを寺宝として伝世している。江戸時代初期には桂宮家との縁もあったが、寛永年間以降、幕府から朝鮮外交の最前線である対馬の以酊庵〔いていあん〕輪番僧に当時の住職も指名された。別宗祖縁〔べっしゅうそえん〕はその一人であるが、とくに1711年（正徳元）朝鮮通信使一行の江戸・大坂への旅に随伴して親交を深め、そのときの遺品ほかが多く残されている。京都市上京区。［Ⅱ－4章参照］

日朝善隣友好の証し――1711年（正徳元）に来日した朝鮮通信使一行と慈照院の別宗〔べっしゅう〕大和尚らとのあいだで交わされた多くの詩篇は、「韓客詞章」（4巻）として慈照院に伝わっていたが、これらは2017年、ユネスコ世界記憶遺産（世界の記憶）に登録された。京都市指定文化財。写真は『相国寺塔頭慈照院所蔵 朝鮮通信使遺物図録』（韓国：〈社〉朝鮮通信使文化事業会＋日本：相国寺塔頭慈照院）より。［Ⅱ－4章参照］

京の街をゆく朝鮮通信使一行 —— 朝鮮通信使の入洛は 11 回に及び、江戸時代の京都を彩る一大ページェントだった。図は、東寺付近から七条通・油小路通を北進する朝鮮通信使の大行列で、沿道市民の見物の情景もよくわかる。「洛中洛外図屏風」今井町本・左隻部分。写真提供：喜多一裕氏。［Ⅱ － 4 章参照］

まえがき

京都は日本人にとって心のふるさとといわれる。あるいは奈良もそうである。「ヤマトは国のまほろば」などといわれると、よけいそんな気がするのかもしれない。奈良や飛鳥はともかく、京都についても「千年の古都」、いや、「千三百年」の古都だということになると、何となく日本人にとってふるさとらしく思えてしまうのも当然かもしれない。

けれども、長い間京都に住み、暮らしていると、「待てよ……」という気もしてくる。

確かに京都生まれの人間にとって京都はふるさとかもしれないが、果たして日本人全体にとってもそうなのだろうか。なぜ「心のふるさと」などという思い入れが生まれるのか。

京都への旅情を誘うポスターや本、雑誌があふれんばかりにある。その多くは、伝統のまち・京都、日本文化の豊饒な源泉としての京都を謳《うた》う。そして、何やらゆかしげな京言葉、上品に粧《よそお》われた京料理、数々の伝統芸能の催し、となると、もういけない。どうでも京都は心のふるさとでなくてはならない町に仕立て上げられてしまう。流行歌の歌詞ではないが、恋に疲れ、仕事に疲れた現代人にとって、京都は日本人のふるさとでなければならない、京都すなわち日本らしさの満ちあふれる町でなければならない、となる。

私も幼い頃、そのような日本らしさを最もよく残している京都に誇りを持て、と学校で教わり、そいうものかなあ、と思って長い間過ごしてきた。

だが、いつの頃か、外国人を京都周辺の名所旧蹟に案内したことがあり、その時ショックを受けた経験がある。二、三の禅寺を観たあと、ある中国人教授は、うんざりするほどの水墨画や漢詩文の書を見て、「ここは中国よりも中国らしい所ではないか」と叫んだのである。またあるイギリス人は、太秦《うずまさ》の広隆寺周辺を歩きながら、「秦氏《はたし》が朝鮮渡来の一大豪族であるとすると、今の京都にいるあなたがたの何十％が朝鮮渡来の人びとの子孫であるのか」と、真顔で尋ねた。いささか冗談好きなあるアメリカの若者は、「京料理は日本料理の代表というけれど、南蛮人の食べていたテンプラが入っているのは、看板に偽りがあるではないか」と私をからかった。

そう言われてみると、いちいちもっともな疑問であり、大げさにいえば、京都文化の根底を問う質問である。

では京都らしさ、京都文化、ひいては日本文化の特質とは何なのだろうか。

先頃、祇園祭を初めて見た他府県のある若い女性は「山鉾《やまぼこ》のタペストリーに西洋のデザインが使われているなんて、全然京都らしくない」といいはなって私を唖然とさせた。最近では、京都らしい町並み保存の議論がかまびすしい。しかしそこでも、求められている「京都らしさ」は寺院の塔や舞妓《まいこ》の艶姿《あですがた》と一体となった町並みが、まずどこよりも京都らしいとされ、そこの情景保存が第一番に着手される。あるいは弁柄格子《べんがらこうし》と低い軒《のき》、犬矢来《いぬやらい》といった道具立の町並みがまず「京都らしい」ということから出発する。それは決して見当違いではないのだが、ではなぜそれらが「京都らしい」のか、というと途端にあやふやになってくる。

言葉を換えていえば、「京都らしくないもの」「外から持ち込まれたもの」をすべて京都から追放してしまったら、どういうことになるだろうか、ということだ。私なりにいわせてもらえば、手ぬぐいに染め上げられている舞妓とセットになった八坂法観寺の堂塔も消え失せ、平安京の堂々たる条坊も、そしてそれを造り出した古代天皇制さえ怪しくなってしまう。禅文化や五山文学も消去しなくてはなるまい。さらに平等院を一段と華麗に見せているあの鳳凰さえも、日本独特の伝承に基づくものではない。

とりわけ江戸時代に十一回にわたって京都にやって来た総勢四百名以上の大外交使節団であった朝鮮通信使一行の入洛はその本来の使命は徳川将軍との国書交換であった。しかし沿道の各地の民衆にとっては一大カルチュア・ショックな出来事であった。だが本書の初版刊行時である1990年代初頭でもまだ人目をひくことは稀であり、多くの教科書にも登場していなかった。しかし第Ⅱ部第5章で触れるように、朝鮮通信使の京都入りは上下をとわず、当時の人々の耳目をそばだたせる大事件だった。

どうやら日本人には、まず京都、あるいは奈良は、あくまで日本らしい町でなければならず、「心のふるさと」であってほしい、「まほろば」であるべきだ、という思い入れが強すぎるようだ。そして京都は、海の向うの人びとや文化とは関係なく連綿として存在してきた、という独断と偏見が私たちには強すぎるのである。

私は長らく、近代以前の、主として中・近世の日本と朝鮮の関係史を研究してきた。するとどうであろう。古代はいうに及ばず、室町時代でも、江戸時代でも、日本は東アジア世界の一員として深いかかわりを持ってきたし、人の流れも、文物の流れも、一般に知られている以上に緊密な関係を続けてきたことがよくわかってきた。そして、京都という町は、日本の政治的、経済的、文化的首都として長い間、東アジアとの、時にはいわゆる南蛮、紅毛と呼ばれたヨーロッパの国々との交流の拠点でもあり、受け入れの最先端であったことがしだいに見えてきた。そうであればこそ、京都を訪れ、その文化遺産に触れた外国人たちが「京都文化こそ日本文化の真髄とあなたがたはいうが、ここには中国もあれば朝鮮もある。ヨーロッパだってあるではないか」と素直に述べることに何の不思議があろう。

本書は、以上のような私の体験といささかの研究から、もう一度京都と京都の文化を見直してみよう、という思いで出発した。いうならば「海外視点　京都」という立場である。むろん、千数百年にわたってこの地に蓄積された文物の厚み、文化の重層性はあまりにも深く、膨大で、それを解きほぐしつつ、新たな視座を作り出してみよう、という大それた試みである。

本書ではその企図の万分の一にも迫れないかもしれないが、京都文化の基層にある海の彼方の文化の所在を掘り出し、それが京都文化の中にどのように組み込まれているか、あるいは京都の文化のタテ糸、ヨコ糸にどのように織り込まれているか、また、交流はどのようにして続けられてきたのか、を追ってみたい。

そして、日本と京都文化のありようを、もう一度見直してみたい。「純粋の日本人」が純粋かつ万邦無比の日本文化をこの列島で作り上げてきた、またこの京都で、さらにそのエッセンスを独力で醸《かも》し出してきた、それは日本人独特の叡知であり、日本人と日本文化の優秀さの証《あかし》である、などという独りよがりの文化観を、ここでもう一度根底から検証し直してみたいと思う。

目次◆京都の渡来文化と朝鮮通信使

II・西洋との出会い・朝鮮との新たな交流〈近世～近代〉

プロローグ　祇園祭――インターナショナルな祝祭

祇園社と八坂のカミ

「祇園祭は八坂神社のお祭りなのに、なぜ山鉾《やまぼこ》は八坂神社の前を通らないのだろうか？」

「ひと口に山鉾というけれども、山と鉾はどう違うのか？　鉾は大型で、山は小さい、という説明で十分なのだろうか？」

「バスの停留所は祇園となっているし、また祇園町という町名があるのに、なぜ祇園神社でなくて八坂神社なのか？　人びとは八坂神社のことを祇園さんと呼んでいるのに……」

「祇園さんの祭神はいったい誰なのか？　スサノオノミコトか、牛頭天王《ごずてんのう》か？　またなぜ祇園感神院などというお寺のような名が伝わっているのか？」

このように書き綴ってゆくと「祇園祭なぜだろう、なぜかしら問答集」のようになってしまう。一見何でもなくて、しかもふと気がつけば気になる素直な疑問の中に、祇園祭の謎を解くすべての鍵が含まれている。そして、本章の表題のよって来るところ、つまり、なぜインターナショナルな祝祭と私が名づけたのか、という意図もおわかりいただけると思う。いうまでもないことだが、祇園祭の宵《よい》山《やま》や山鉾巡行当日に、内外の観光客、その数は三十万とも五十万ともされているが、その中に多くの外国人観光客が含まれていることを指すわけではない。最近では鉾の曳き手に外国人が加わることもあって、見物客の目を楽しませているが、もちろんその程度のことでインターナショナルな祝祭と、大げさに名づけるわけにはいかない。祇園祭の国際的な要素とは、もっと長い歴史と風土に裏付けられている。そしてまた、京都町衆の心意気に裏打ちされたものであることを知っていただけたら、というのが本章のねらいである。

まず、祭神のことから述べよう。祭神といえば、誰もが「○○神社の祭神はどのカミか？　何という名か？」と考えがちである。そしてそのカミの由来はどうなのか、と興味がひろがると、神社の側では一般に『古事記』や『日本書紀』に出てくる神々をひっぱり出し、謂《いわ》れの古さと神格の高さを基準に、その神の正統性、神威のまがまがしさを述べ立てることが常套手段である。そして「記紀神話」の物語を史実であるかのように伝承の中に組み込んでしまう。そうなってはさっぱり面白くない。せっかくの興味もしぼんでしまう。その上に、ひと昔前まではこの手法で、あの「神后皇后三韓征伐のみぎり」という荒唐無稽《こうとうむけい》な話が、多くのカミと神社の説話の中で大手を振って罷《まか》り通っていたし、今もその説話をかかげている神社も少なくない。

また、その手の伝承は悪いことに「記紀神話」を主たる根拠とし、民間伝承は二の次にすることから、どうしてもこの社の神は古代の日本と日本人が生んだ純粋な日本のカミ、という思い込みにはまり込んでいく。日本の神様、つまり純国産のカミでなくてはならない、というわけである。私はこれに対して「カミに国籍はない。あるものはカミに託したその時代時代の人間の願いだけだ」というところから出発しなければならないと思う。由来・伝承などというものは、カミについてであれ、歴史上の人間であれ、つまるところは後世の人間が自分に都合のよいように創作するフィクションにすぎないのだ。そのフィクションを創作する時に、国家だとか民族性などというものの枠組みを借りたり、強調したりすると、いかにももっともらしくみえる。これが「神格」の正体であり、人間の場合、「護国の英雄」「建国の偉人」の呼び名に繋がってゆく。人格神というものも生まれる。なぜこんなことをいうかといえば、「八坂神社」の祭神のように入り組んだ伝承を考えていく場合に、カミの国籍や由来をいちいち問題にしていたのでは説明がつかないからである。

八坂神社の宮司であった高原美忠は『八坂神社』という自著の中で、この神社の創立について五つの説を紹介している。その第一は『日本紀略』によって、修行が926（延長四）年に建立したものであるとするもの。第二は『感神院所司解』によって、877（元慶元）年頃とするもの。第三は『社家条々記録』および『伊呂波字類抄』によって、貞観十一（869）年または同十八（876）年とするもの。第四は『社伝旧紀』によって、明治になってから政府に申し出た斉明天皇二年（656年）とするものを挙げている。そして第五は自説を述べている。

ウタギの信仰、荒神、山の神、田の神、塞の神の信仰が牛頭山の信仰とつながっていることを思い、民衆のこれらの信仰が集って、あの多様な素戔嗚尊《スサノオノミコト》を神格と仰ぎ、日本神道の柱となったもので、この八坂の地が文化の交流する中心であり、八坂神社の創立せられたのは一朝一夕のことではなく、この地にわれらの祖先の住みそめた時から、いつとは知れず自然に創立せられ、神威の発揚とともに今日にいたったものと思う。

私はこの高原官司の直観的な仮説は正しいと思う。というのは、後白河院が編纂した当時の流行《はやり》歌謡《うた》「今様《いまよう》」を集めた『梁塵秘抄《りょうじんひしょう》』の中に、次の歌が収められている。

祇園精舎の後《うしろ》には、よもゝ、知られぬ杉立てり、昔より、山の根なれば生《お》ひたるか杉、神の標《しるし》と見せんとて

後白河院在世の頃といえば、平安時代末から鎌倉時代にかけての頃である。すでに「祇園御霊会《ごりょうえ》」は約千二百年前の八六九（貞観十一）年に始まり、970（天禄元）年以降は「毎年の儀」となっていた。それにもかかわらず、民衆の間には、この「今様」に謳われているように、実は杉の大木を神体としていたことが伝えられていた。仰々しい御霊会《ごりょうえ》の祭の影に、素朴な古代人の信仰の形が伝わっていることには軽い驚きを覚える。よく知られているように、原始の時代、アニミズム（精霊信仰）から始まった人びとの信仰はシャーマニズム（呪術信仰）に変わり、神がこの世に現われる依代《よりしろ》、神籬《ひもろぎ》として巨岩、大木などを神または神の現われる場所として崇めるようになった。八坂のカミのそもそもの始まりもけっして例外ではなかったのだ。神社のヤシロ、または霊廟などというものは、もっと後世になってから作られた。外来の宗教である仏教が教義としての経典を備え、カミの形としてきらびやかな仏像を持ち込み、それを祀る寺を建立したことに対抗して、在来のカミもうやうやしく、清

浄な場所としてのヤシロや鳥居を作り始めたのである。

　では在来の神である八坂のカミ、あるいは祇園社はどのような人びとによって祀られるようになったのか。先に高原氏が紹介した第四説に656（斉明二）年創祀説があった。それによると「韓国調進副使伊利須使主《いりすおみ》が新羅国なる牛頭山に鎮座する所の大神の尊霊を奉し来りて山城国八坂郷に鎮祭せしを始めとす」とある。『日本書紀』の記述は、この年八月に高麗大使と副使が来日し、その副使であったのが伊利之《いりし》であった、という。平安初期の氏族別の戸籍台帳である『新撰姓氏録』にも、高麗国人伊利須使主の子孫に日置造《みやつこ》という者があり、また八坂造《やさかのみやつこ》は「高麗国人久留川麻乃意利佐《くるがまのいりさ》之後也」とあるから、渡来系の人びとが八坂の辺りに住み着いたことはまず間違いない。ほんとうのところは伊利之渡来の七世紀半ばよりもっと古くから、この東山の西の麓に狛人《こまびと》が住み、その縁で伊利之もこの地に居を定めることにしたものであろう。ともあれ、八坂のカミはそれら古代に朝鮮半島から渡来してきた人びとのカミであった。いや、彼らがその渡来とともに自らのカミ、つまり信仰をひっさげてやってきた、とするほうが正しいかもしれない。市中で現存する最も古い塔を持つ八坂法観寺の始まりも、彼らとかかわりが深いと思われる。

スサノオと牛頭天王

　さて、祇園社の祭神は一般に「スサノオノミコト」とされている。それとともに「牛頭天王《ごずてんのう》」という伝承もある。スサノオはいうまでもなく「記紀神話」に登場するアマテラスの弟で荒ぶるカミとされている。したがって正真正銘の日本産のカミと思いがちだが、スサノオは記紀の中では珍しく日本列島以外の説話と結びつけられたカミなのだ。『古事記』では高天原《たかまがはら》を追放されたスサノオは「根之《ねの》堅洲国《かたすくに》」に落ち着くが、「ネ」というのは南方系の言葉で海とかかわりがあるらしい。そこから「ネ」は紀伊、出雲、または朝鮮半島のいずれかという説が生まれている。一方、『日本書紀』の一書の第四では、スサノオは新羅国の曽戸茂梨《ソシモリ》にいったん降りた、と述べられている。ついでにいえば、天孫降臨説話は日本説話特有ではなく、朝鮮にも壇君説話がある。このように考え合わせると、朝鮮からの渡来人だった八坂の人びとの信仰の中にスサノオが組み込まれていったことは、ごく自然の成り行きだったと考えられなくもない。カミに国籍はない、と思えば、この結びつきにも納得がゆく。

牛頭天王はもっといろいろな説話が入り組んでおり、『祇園牛頭天王縁起』には父の名は武答（仏陀）天王で、父から位を譲られた牛頭天王は、天王に善行を施した蘇民将来《そみんしょうらい》に彼の災厄を封じ、牛頭天神菩薩と名のってスサノオを権号としてわが朝に垂迹《すいじゃく》し、皇城鎮護・抜済《ばっさい》人民のために来た、とある。スサノオが降り立った新羅のソシモリとは牛頭山のことである、という話もある。要するに、本地垂迹説といい、皇城鎮護といい、たぶん平安朝以後に創られた神仏混淆の説話のカミにちがいない。そうみればスサノオと牛頭天王の神格は別物ではなく、同一だと考えることもできる。そうだとすれば日本列島、朝鮮半島双方に住んだ古代人の共有の説話から生まれたカミが、わが八坂のカミであり、祇園社の祭神なのだ。ところが牛頭天王には別の説話もある。祇園は祇洹とも書き、祇陀太子が仏（釈迦）に供養した祇園林の修行場所である精舎の守護神が牛頭天王だ、というのである。そうなると、この祭神説話はインドにも飛び火する。祇園社の名の起こりは、この牛頭天王系の説話から生まれた。

さらにもう一つ、十世紀の終わり頃、祇園社は比叡山延暦寺の別院とされた。その時に称されていた寺号は観慶寺、または観慶寺感神院という。この寺格と寺号は明治の神仏分離令まで続き、祇園社の境内には社僧もいた。その感神院の名は三韓時代に牛頭山をカサムソタルサンといい、そのカサムを感神の字にあてた、という説を高原氏は紹介している。

さて、これで八坂のカミの正体はほぼ見当がついた。スサノオノミコトや牛頭天王の説話は人びとがその願いを仮託した神格にすぎなかった。また日本固有の「惟神《かんながら》の道」、「神道」のカミでもなかった。東アジアの古代に生きた人びとの素朴な願い、すなわち五穀が順調に稔り、子孫が幸せに生きられるような世を望み、恐ろしい疫病から逃れて健やかな暮らしを送りたい、という願いの対象そのものが、この社のカミなのであった。八坂社または祇園さんの信仰は、いくつにも重なり合い、海の彼方にまでも及んでいる創祀伝説や説話のために、意外にも率直に古代の信仰の姿を窺うことができる。

もう一度いおう。カミに国籍はない。素姓も必要ではない。もしカミが国籍を持てば、それはカミでなくなる。なぜなら、その時カミは普遍的真理を棄てたことになるからだ。人びとのほんとうの願いは、権力者が手前勝手に作り出した国家や狭い民族性を超えている。

京の町衆の真夏の祝祭

祇園祭には神輿が出る。これは八坂神社と直接結びつく行事だが、今は華麗な山鉾《やまぼこ》巡行の影に隠れて、地元の氏子の人びと以外にあまり関心を持たれることが少ない。

山鉾のほうは宵々山あたりから通算すると、毎年百万人を軽く超える人が群集するが、昔の祇園社の祭と重なるのは、稚児社参、吉符入《きっぷいり》、蘇民将来の粽撒《ちまき》きなどで、準備と巡行の道筋はともかくとして、直接八坂（祇園）信仰と結びついている山や鉾の伝承は、驚くべきことに鯉山の例などを除いてほとんどない。ただし「鉾」そのものにかかわりが認められる。平安時代も初期の869（貞観十一）年、その時流行していた疫病退散祈禱の御霊会《ごりょうえ》に、二丈ほどの長さの六十六本の矛《ほこ》を立て回した。それが「鉾」の始まりなのだが、今日それを受けた伝承を持っているのはわずかに先頭を行く長刀鉾《なぎなた》だけである。「山」のほうも、998（長徳四）年に雑芸者先骨《むこつ》という者が大嘗会《だいじょうえ》の標山《しめやま》のようなものを作って行列に加わったのが初めといえば初めてだが、今日の山には疫病退散祈願を主題とした山はない。それどころか天神や八幡信仰に連なるようなものをテーマにしている山さえある。また山鉾は、八坂（祇園）社の鎮座まします所から遠く離れて、四条室町を中心に立ち並び、その周辺約四キロを巡行する。なぜこんなに八坂のカミと祇園祭が分かれてしまったのか。

一つには、中世に入って人びとが疫病の病理現象にある程度見当がつき、衛生思想もしだいに普及して、かつてに比べて疫神としての御霊信仰がすたれたことによるだろう。

もともと八坂一帯に住んだ人びとの祖先神、農耕神であった八坂のカミは、怨霊神の出現によって朝野の信仰を受け、大いに盛んになったのだが、時代が変わって次なる適切な神格を見出せなかったことにも一因がある。

よくいわれるのは、1533（天文二）年、室町幕府から日吉《ひえ》社祭礼の延引を理由とした祇園会中止の沙汰に対して、町衆が「神事之《これ》無クトモ、山ホコ渡《わた》シ度《たき》」（『祇園執行日記』）として巡行実施を要求し、結局その年の祭礼は中止になったものの、幕府から「山鉾なくんば然るべからざるの条」という言質を取り、併せて補助金をせしめ取った、という一件である。天文年間といえば、京の町衆の間には法華信仰が盛んとなり、町の半分は法華宗といわれるありさまであった。そのあまりの強盛に抗して比叡山延暦寺が恐怖心を抱き、法華宗徒との間に一大争乱を起こした頃である。つまり大胆な仮説が認められるとするならば、祇園祭を支えたのは現世享楽思想にあふれた法華宗徒であり、裕福な下京の町衆であった。彼らの中には酒屋、土倉などの有徳人（金持ち）もいれば、手工業を手広く営む商工業者もいたであろう。彼らは幕府や守護大名の下剋上ぶりをはた目に、せっせと自助努力を続けていた。その一年一度のエネルギーの沸騰点が盛夏の祇園祭の催しであった。神も仏もなく、自分たちの存在自体を祝う。祇園さんはその祝日を仮託するものにすぎなかった。彼らの意気軒昂《けんこう》ぶりは、山鉾の数にも現われる。十五世紀中頃には六十基に達したというから、バブル期を経た現代の祇園祭の規模（三十三基）をはるかに上廻っている（２０１８年現在）。

この祇園祭のそれぞれの山鉾の主題を整理すると、意外にも次のように外国の伝承、説話を受けたものが多い。

◇中国の伝承、説話を受けているもの

長刀鉾《なぎなたぼこ》　正面蟇《かえるまた》股彫刻「猒舞」＝周の武王の故事による。

函谷鉾《かんこ》　鉾名＝斉の孟嘗君《もうしょうくん》が函谷関《かんこくかん》で鶏鳴を真似て開門させた故事による。真木《しんぎ》上端に孟嘗君を祀る。

菊水鉾《きくすい》　鉾の天王＝古代中国の長命の仙人彭祖《ほうそ》

鶏《にわとり》　鉾　鉾名＝古代堯の時代、天下がよく治まり、訴訟用の太鼓（諫鼓）も用がなく、苔が生え、鶏が宿った伝説。

郭巨山《かっきょやま》　下水引＝唐人物遊園図。呉春（1752〜1811）筆。
山名＝二十四孝の一人、郭巨の釜掘りの故事による。
胴掛＝呉道子と陳平飼虎の図。日本製。
見送り＝蝦暮《がま》、鉄拐《てっかい》、呂洞賓《ろどうひん》、張果《ちょうか》らの仙人を山水とともに描いた「山水人物図」。円山応震《まるやまおうしん》（1789〜1840）の下絵。

孟宗山《もうそう》　山鉾名＝二十四孝の一人、孟宗の雪中に筍を得た話による。

伯牙山《はくが》　山名＝同時代の琴の名手伯牙の話（呂氏春秋）による説と、琴の名手戴逵《たいき》の話（晋書）による説とがある。

白楽天山《はくらくてん》　山名＝仏祖歴代通載にある、白楽天が鳥窠《ちょうか》禅師道林を訪れて問うた逸話による。

鯉《こい》山　山名＝龍門の滝を昇る鯉の姿。『三秦記』による。

木賊《とくさ》山　山名　不詳　前掛＝唐人市場交易図。時代、場所とも不詳。

（主として『祇園祭』編纂委員会・同山鉾連合会共編、1918年版による。部分的な装飾に用いられているものは、原則として除いてある。なお鷹山、布袋山は休み山となっている）

このように全三十三基中、約三分の一が中国の伝承、説話を受けている。もとは山の趣向は毎年町内の人びとが考案して、年ごとに決めていたようである。いつから固定的に主題が決められたのかはわからない。けれども江戸時代以降に中国文化の影響が大きく流入した、ということはまず考えられないから、室町時代中頃にほぼこのような主題が取り込まれていたのだろう。これらは町衆自らのアイデアだったろうか。この時代では、まだ彼らに日本を含めた古典教養を直接摂取するゆとりはなかった。とするならば、この主題を考案したのは、本来の古典教養を享受し、伝世することをいわば家業にしていた公家衆ではなかったか。応仁・文明の乱を挟んで荒廃した京都の町は、公家とて安住の地ではなかった。非生産者であるためにその経済的困窮もはなはだしかったであろう。想像をたくましくするならば、彼らは、進んで町衆と近づいて、何がしか生きる糧となるものを求めたのであろう。町衆もまた、商売や世の動きの情報源として彼らを利用したのであろう。そこに両者の交流が生まれ、それまで上層階級の独占物であった内外の古典教養が町衆の側に入り込むルートができたのである。

「動く美術館」の国籍

一方、鉾や山の四面を飾る前掛、胴掛、見送り、水引などに目を転じると、これはまた山鉾の主題以上にインターナショナルな色彩に満ち満ちている。これらもまた時間と風雨による織物の損傷があって、長年月の間に取り替えられ、そのたびに当代一流の職人、芸術家を動員して、贅を尽した美術品で飾り立てられた。そのため、いつからいつまでどの飾り物が用いられていたかはよくわからない。現存するものは次に見るように、外国産のものでは近世以降のものである。国産品でもほぼ同様であろう。

◇中国製のタペストリー・飾り物のあるもの（一部に他地域のものも含む）

長刀鉾　胴掛＝玉取獅子文鍛通《だんつう》　見送り＝雲龍図綴《つづれ》錦（明代頃）

函谷鉾　胴掛＝中国鍛通（一部）

岩戸《いわと》山　前掛＝玉取獅子図鍛通（清代）　見送り＝日月龍唐子遊図　他に朝鮮綴織の水引もある。

占出《うらで》山　見送り＝花鳥龍文綴錦（明代末）

木賊山　見送り＝牡丹鳳凰雲草文綴錦

郭巨山　同懸＝杜甫の詩を題材にした杜甫鳳凰大綴織

前掛＝綴錦唐美人遊楽図　後掛＝黒ビロード地寿老人絵文の刺繍

太子《たいし》山　見送り＝中国綴錦五爪龍文図　前掛＝緋羅紗《らしゃ》地に阿房宮の刺繍

山伏《やまぶし》山　見送り＝雲龍波濤文刺繍（明代）

孟宗山　水引＝中国古製刻糸（綴錦）の群鳥飛翔図（前面のみ）　前掛＝蝦夷《えぞ》錦真向龍彩雲の両側に昇龍身向いの別裂　胴掛＝中国故事人物文綴錦

保昌山　水引＝明代末の官服（胸背）で二十五枚綴り連ねる

伯牙山　前掛＝上下に詩文、中央に人物・風景を挟んだ慶寿裂（明代）

白楽天山　水引＝中国官服（胸背）刺繍を二十枚連ねたもの

芦刈山《あしかり》　胴掛＝雲龍文刺繡（明代頃）　見送り＝鳳鸞《ほうらん》・孔雀などを描いた繡《ぬ》いつぶし（宋代末）
鈴鹿山　前掛＝中国仙人図綴錦（製作地不明）　胴掛＝中国仙人図綴錦（製作地不明）
黒主山《くろぬし》　見送り＝宝暦十四（１７６４）年製作の狻猊《さんげい》（唐獅子）牡丹鳳凰文綴錦（明代末）
　見送り＝唐子遊図綴錦（清代初）〔見送りは二種を交替に使用〕
八幡山《はちまん》　水引＝中国刺繡金地仙園図
油天神山《あぶらてんじん》　前掛・胴掛＝天保十二（１８４１）年新調の紺地蝦夷錦雲龍文
役行者山《えんのぎょうじゃ》　見送り＝金地唐美人園遊図綴錦（明代）

◇中近東諸国製のタペストリー・飾り物のあるもの

長刀鉾　前掛＝ペルシア華文緞通・同絹緞通（古代）　胴掛＝トルコ華文緞通
函谷鉾　前掛＝西洋人物絵文、旧約聖書『創世記』のイサクの嫁選びの場面（十六世紀末）
　〔重文〕　胴掛＝コーカサス緞通（一部）
鶏鉾　前掛＝ペルシア緞通　胴掛＝ペルシア緞通　他に朝鮮毛綴に「日月仁丹図」もある。
月鉾　前掛＝ペルシア華文緞通　胴掛＝ペルシア華文緞通
放下鉾《ほうか》　前掛＝ペルシア大唐草華文緞通（十八世紀）　胴掛＝ペルシア華文唐車模様緞通
岩戸山　前掛＝玉取獅子図緞通（清代）　胴掛＝ペルシア華文緞通、コーカサス華文緞通
南観音山《みなみかんのん》　前掛＝イムス織（ペルシア製唐草模様絹モール織）（十七世紀頃）

◇ヨーロッパ諸国製のタペストリー・飾り物のあるもの

鶏鉾　見送り＝ローマの英雄コリオラヌスが妻子に会う図。ベルギーのフランドル地方製

木賊山　（十六世紀）〔重文〕
　旧水引＝オランダメタリオン文の氈
白楽天山　前掛中央飾毛綴＝ギリシア史詩トロイ落城に際してのアエネアスを描く。ベルギーのフランドル地方製（十六世紀）
鯉山　見送り・前掛・胴掛・水引＝方形の壁掛用タペストリーを切り離し使用。ベルギーのフランドル地方製（十六世紀）

◇朝鮮ほかその他の地域製のタペストリー・飾り物のあるもの
太子山　胴掛＝金地孔雀唐草文インド刺繡
霰《あられ》天神山　前掛＝狩猟人物文タペストリー（製作地不明　ベルギー製十六世紀説もある）
声刈山　前掛＝風景図タペストリー（製作地不明）
黒主山　前掛＝四爪飛龍波濤文綴錦　檀王法林寺中興袋中上人が琉球から帰国に際し、尚寧王から贈られたもの。
油天神山　見送り＝宮廷宴遊国のタペストリー（製作地不明）
放下鉾　胴掛＝毛綴墨絵付霞形鶴文集　朝鮮王朝製（十九世紀）
函谷鉾　一部に朝鮮伝来のタペストリー部分がある。
（出典は前記による。祇園祭山鉾連合会刊（1972年初版『祇園祭山鉾懸装品調査報告書』（梶谷繁子・吉田孝次郎編）参照。なお同書には朝鮮毛綴は六点、同織錦反物一点が数えられる、としている。ただ、山鉾によっては記述が簡略化されたものもあり、少々の遺漏と異同があると思われる）

この中で最もよく知られ、明確に主題がわかり、製作地もほぼ判明しているものは、「鯉山」のタペストリーである。ホーマー（ホメロス）の叙事詩「イリアッド」の主題からトロイのプリアモス王とその后ヘカベを描いた見送りと、その部分やギリシアの神々を描いた水引・胴掛は、十六世紀ローマ教皇御用達のフランドル地方（ベルギー）のブラバン州ブリュッセルの工房製である。鶏鉾、霰天神山や、近江大津祭の月宮殿山、龍門滝山、同じく近江長浜祭の鳳凰山にも一連の図柄のものがある。また、加賀前田家伝世のものが現存し、焼失はしたが東京芝増上寺にも同様のものがあって、これらはおそらく同一の時期に渡来したものらしい。それはいつか、ということになるとまだ確証はない。

1613（慶長十八）年にメキシコ経由でローマへ赴いた仙台藩の支倉常長《はせくらつねなが》（1571〜1622）から仙台藩へ、そして藩経済の困窮によって江戸中期に仙台の天然寺から京都の天寧寺へ、と商人ルートで伝わった、という有力な推測と伝承があるが、まだ確証を挙げるに至っていない。その他にも、中国・ペルシア製などに十六〜十八世紀のものがある。いずれにせよ、これらは十七世紀の大航海時代を経て、日本でいえば江戸時代初期に伝わったものが大部分であるに違いない。中国もの、朝鮮錦とよばれる朝鮮経由のもの、あるいは蝦夷《えぞ》錦といわれる北海道先住民族のアイヌと松前藩との交易経由のものなどは、江戸中期から後期にかけて京都へ持ち運ばれてきたものであるだろう。

そして現在ではこれら懸装品の多くは国の重要有形民俗文化財に指定されている。

祇園祭をわが祭として謳歌する京都の町人たちは、惜し気もなく大金をはたいてこれらの豪奢で華麗な異国情緒が横溢した芸術品を手に入れ、山鉾に飾り立てた。一つの町が舶来の珍品を買って人目を惹くと、その次の年には隣の町が珍しいものを手に入れて飾る、というふうであったろう。また鉾を出さない町や家はあり金をはたいて名物屛風を買い、祭の期間中店先に並べ、当日は山ほどのご馳走を用意して親戚、知人を巡行見物に招いた。そこには江戸時代でも「鎖国」という言葉に表わされる暗い、閉鎖的な意識はなかった。中世でも、近世においても、人びとはインターナショナルな祝祭としてわが祭を祝ったのである。

現代でも老若男女にかかわらず、鉾町の人びとが祇園祭となると家業を人に任せてまでその仕度に馳せ参じ、朝早くから毎夜遅くまで会所に集まって運営や資金集めに智恵をしぼり、囃子や鉾建《た》てに熱中して取り組んでいるのは、中世以来のわが祭意識が今なお衰えていないからである。また、祭に加わる人が八坂（祇園）信仰を持っていようといまいと、仏教徒であろうとあるまいと、いっさいが誰からも問われなかった。八坂のカミもまた、山鉾町の人びとのそのような信仰のあり方に寛容であった。今や日本の人びとも異国の人びとも、ともに健やかに生きていることを喜び祝える日が、祇園祭の日々なのである。

なお、2009年には祇園祭の山鉾巡行がユネスコの世界無形文化遺産に登録された。

Ⅰ．中国・朝鮮文化の受容と発展〈古代～中世〉

1 風土記の世界と渡来人〈飛鳥時代〉

賀茂氏と秦氏の伝承

京都のことを考える時には、この盆地をとり巻くやや小高い丘陵に登ってみるのがいちばんよい。南の一角を除いて、三方を緑の襟巻を巻いたように山々がとり囲んでいる。今ではその三方の丘陵の麓までぎっしりと家並みが立て混んでいるが、京都の空間の広さがどの程度のものであるかを実感させてくれる。また、京都御所や二条城、下鴨の辺り、双ケ丘《ならびがおか》周辺など、あちこちに緑の杜が点在し、大都会に貴重な自然を残してくれていることがよくわかる。最近では高層建築の陰に隠れ、各所の寺地も削られたためにあまり目立たなくなった大寺院とその周辺の樹木の繁みも、かつてはよく見ることができた。

このいささか狭い盆地の中で、数千年にわたって人びとは歴史を生きてきた。文化を育んできた。その時代の長さをこの狭い空間に重ね合わせて考えると、やはり京都という町はすごい所だという思いがしてならない。

さて、今、その思いははるか古代に還《かえ》らなければならない。それも平安京ができるはるか以前に遡らなければならない。いささか乱暴な想像だが、今、眼下の白っぽい家並みを水に見立ててみる。するとこの盆地は大きな湖水に変身してしまう。その水は南西の方角からあふれ出て、茅渟《ちぬ》の海（大阪湾）に繋がっている。そう、数万年前の、この盆地の姿である。やがてしだいに干上がって水面は下がり、あちこちに洲ができ、樹木が生え始める。川はまだ、北から南へ、東から西へ、あるいは西から東へ縦横気ままに流れている。所どころに大小の水面も残っている。この小湖水の名残《なごり》の一つが神泉苑の苑池である。また、１９３９（昭和十四）年頃に干拓で乾し上げられた旧巨椋《おぐら》池である。両者ともその面影をまったく失った今では、洛北深泥池《みぞろがいけ》が昔むかしの京都の水景を伝えてくれる唯一の遺物である。タヌキモ・ジュンサイ・カキツバタなどが自生する半沼地だが、この深泥池のような池沼があちこちに長らく点在していたはずである。

陸上の景観は、といえば下鴨の糺森《ただすのもり》に足を運ぶしかない。その一帯は神域という掟《おきて》のために、クスノキ・ウバメガシ・ヤブツバキ・ケヤキ・ムクノキ・ユズリハ・アラカシなどの常緑、落葉の広葉樹の巨木が枝を張っている。まさしく照葉樹林である。中国大陸南部に連なり、この日本列島に及んでいる西南日本の照葉樹林帯こそ、私たちの先祖が生きてきた自然であった。またさまざまの生活の資源でもあった。縄文から弥生にかけて、この糺森のような景観が京都盆地のそこかしこに見られたにちがいない。数千年前、その照葉樹林と、そこを伐り拓いて始められた農耕は豊かであった。

千葉《ちば》ノ葛野《かづの》を見れば百千足《ももちだ》る家庭《やには》モ見ゆ国《くに》ノ秀《ほ》モ見ゆ

（『古事記・応神記』）

という国誉《ほ》め歌はけっして誇張ではなかった。日本列島で最初に政権らしい政権が登場した大和盆地から低い山一つを隔てた「山背《やましろ》」または「山代《やましろ》」の地は、かなりの間、自由な開拓が進められていた、と考えたい。もちろん開拓が進むにつれて大小の豪族が根を張り、またその統率力と支配力とによって開拓が進行したことは事実だが、『山城国風土記』（逸文）の述べる世界と、糺森や盆地周辺の緑の眺めを重ね合わせると、大らかな古代の人びとの営みが蘇《よみがえ》ってくる。

『風土記』はいう。まず「伊奈利社」である。

> 伊奈利《いなり》と称《い》ふは、秦中家忌寸《はたのなかつへのいみき》等が遠《とほ》つ祖《おや》、伊侶具《いろぐ》の秦公《はたのきみ》、稲梁《いね》を積みて富み裕《さきは》ひき。乃《すなはち》、餅《もちひ》を用《も》ちて的《いくは》と為《な》ししかば、白き鳥と化成《な》りて飛び翔《かけ》りて山の峯に居り、伊禰奈利《いねなり》生《お》ひき。遂に社の名と為しき。（後略）

この説話は稲荷神社創祀のことに繋がっていくのだが、稲荷のカミがもともと農耕神であったこと、餅を的として用いるほど五穀豊饒であったこと、秦伊侶具《はたのいろぐ》という豪族が深草の里に住んで富み栄えていたらしいこと、などを物語っている。また、稲荷のやや北、鳥部《とりべ》（辺）の森もこの白鳥伝説にかかわるとも『風土記』は述べている。

次に賀茂社の祭神の由来に移ろう。

『風土記』では大和の葛木《かつらぎ》（城）山にいた賀茂建角身命《かものたけつみのみこと》が山代の国の岡田の賀茂に至り、山代河（木津川）に沿って下り、葛野川（桂川）と賀茂川の合流点に達して北方の賀茂川を見晴《みはる》かし「狭小《さ》くあれど石川の清川《すみかわ》なり」と述べ、よって「石川の瀬見《せみ》の小川」と名付けた。そののち命《みこと》は賀茂川上流の久我の山麓に住むようになった。さらに命《みこと》とその娘玉依日売《たまよりひめ》のロマンスが語られる。

> 丹波《たには》の国の神野《かみの》の神伊可古夜日女《かむいかこやひめ》にみ娶《あ》ひて生みませるみ子、名を玉依日子《ひこ》と曰《い》ひ、次を玉依日売と曰ふ。玉依日売、石川の瀬見の小川に川遊びせし時、丹塗《にぬり》の矢、川上より流れ下りき。乃《すなは》ち取りて床《とこ》の辺《へ》に挿《さ》し置き、遂に孕《はら》みて男子《おのこ》を生みき。（後略）

この男の子が成人して賀茂別雷命《かものわけいかずちのみこと》となって上賀茂神社（賀茂別雷神社）の祭神とされ、男の子の父、すなわち丹塗矢は乙訓《おとくに》の社の火雷神《ほのいかずちのかみ》であり、賀茂建角身命夫妻と玉依日売三神は下鴨神社（賀茂御祖《みおや》神社）に祭られた、というわけである。ただし、御祖神の祭神は建角身命ではなく大山咋神《おおやまくいのかみ》とする説もある。

ではこの賀茂氏は、いつ頃この山背盆地にやってきたのだろうか。一般に、賀茂氏は秦氏よりも早くから住み着いていたように考えられている。平安京造営後に朝廷が賀茂社を「山城国一宮」とし、祭には勅使を派遣するなど尊崇に努めているから、賀茂の神は賀茂氏の氏族神としていわば山背盆地の地主神のように敬《うやま》われていたにちがいない。

しかし、この賀茂氏は秦氏と同じ頃に大和からやってきたという説がある。それは『新撰姓氏録《しんせんしょうじろく》』の秦氏の項に、応神十四年に秦氏一族が渡来して住んだ「大和朝津間腋上地《やまとあさづまわきがみのち》」というのは賀茂氏と同じく葛城《かつらぎ》山東麓だから、というのがその論拠である。秦氏の渡来についてはあとで述べるとして、

『風土記』には登場しないが、山背地方のもう一つの古社、松尾《まつお》大社のことに触れておく。松尾大社の祭神は二座あって、その一は『古事記』に「大山咋《おほやまくひの》神、亦《また》の名は山末之大主《やますゑのおほぬしの》神、此《こ》の神は近淡海《ちかつあふみ》国の日枝《ひえ》山に坐《ま》し、亦葛野《かづの》の松の尾に坐《いま》して、鳴鏑《なりかぶら》を用《も》つ神ぞ」と紹介されている。もう一座に市杵《いちき》島姫《しまひめの》神もある。九州宗像《むなかた》神社系の渡海安全保護の神である。賀茂系の神の神体は雷《いかずち》であった。また古くは上賀茂神社の北にある神山《こうやま》そのものを神体山とする信仰であった。これに対して松尾の神体は神社後方にある磐座《いわくら》である。松尾大社の神殿が建てられたのは701（大宝元）年で、秦忌寸都理《はたのいみきのとり》が創建したと伝える。

　ではこの三つの古社の伝承と秦氏、賀茂氏のかかわりはどうであろうか。「秦氏本系帳《はたしほんけいちょう》」という秦氏の家系記録がある。それによると、次のようなことが書かれている。「鴨《かもの》（賀茂）氏人《うじひと》秦氏の聟と為すなり。秦氏聟を愛し、鴨祭《かもまつり》を以ってこれを譲与す。ゆえに今鴨氏禰宜《ねぎ》と為し祭り奉る、これその縁なり。鴨祭の日、楓山《かえでやま》の葵《あおい》かざして当日早朝、松尾社司など挿頭《かざし》料を賷《もた》せむ」。また『風土記』では丹塗矢の神を乙訓《おとぐに》の火雷《ほのおいかずちの》神としているが、「秦氏本系帳」では「戸上矢《へのうえのや》は松尾大明神これなり」としている。いずれも秦氏に都合のよいような記述が気になるが、いずれにしても秦氏と賀茂氏とは婚姻関係で結ばれていたこと、上・下鴨社の神と松尾社の神とは共通の姻族神であることなどが窺える。

　また『風土記』にあった稲荷創祀の秦伊侶具《はたのいろぐ》は鴨県主久治良《かものあがたぬしくじら》の子で、松尾大社創祀の鴨禰宜《かものねぎ》板持と兄弟という伝承が稲荷大社に伝わっている。

「帰化人」よ、さようなら

それではここでいよいよ秦氏のことに触れねばならない。秦氏が朝鮮半島の新羅《しらぎ》または新羅に併合された加羅（加耶）地方の出身であることは、今日ではほぼ常識となっている、といってよいだろう。秦氏が秦始皇帝《しんのしこうてい》三世の孫・孝武王の後裔であるなどと後世自ら称し、世間もそれを認知したかにみえるのは、中国文化心酔の風潮が圧倒的になった奈良時代から平安初期にかけて一種の流行だった、とみるべきである。

それから秦氏・東漢《やまとのあや》氏・百済王《くだらのこにきし》氏などの渡来集団の人びとを「帰化人」と記したのもこの頃のことである。「帰化人」という用語は中国の史書にいう「欣化内帰《きんかないき》」、つまり中国皇帝の王化に浴すべくマウク、マヰオモハクことを指す。また、この言葉は『日本書紀』およびそれに続く『続日本紀《しょくにほんぎ》』で見られるものの、古い説話が比較的原型のままで採られている『古事記』には、一度も用いられていない。ここに「帰化」という用語の特別な思想性が滲《にじ》んでいる。つまり「倭国」の朝廷が天皇（大王《おほきみ》）家の祭政双方の支配権を確定し、天皇家がそれまで並存し、あるいは競合してきた諸豪族を従え、飛鳥・奈良朝に入って律令制を取り入れ、史書を整備する過程で用いられた特別な用語が「帰化」であった。いい換えれば、「倭国」からミニ中華思想を掲げた「日本国」への上昇志向のもたらした姑息《こそく》な用語法である。ところが千年以上を隔てた現代の国籍法においても、この「帰化」という用語が法律用語として定着していることには驚かざるを得ない。外国人であれ、日本人であれ、等しく人権を享受しうる、という立場に立てば、「帰化の要件」でなく「移住後の国籍取得の要件」でよいはずである。

それはともかく、紀元前三世紀の頃から七世紀にかけて、何度か渡来の波があった。その一部は中国大陸や多祢《たね》・屋久島などから直接やってきた人びともいたが、大多数は朝鮮半島からやってきた人びとであった。その第一の波は、弥生時代に海を渡ってきた人びとで、初歩的な灌漑技術を持ち、稲作農業を営んで、主として畿内・北九州など今日の西日本各地に定住した。第二の波は五世紀頃で、部民集団組織を挙げて渡来してきた。一村一郷挙げての渡海である。秦氏・漢氏などの渡来もこの時期であろう。彼らは農耕・土木の他に、養蚕・製鉄・建築・須恵器《すえき》作りその他の手工業など、当時の先進技術を持ってやってきた。彼らこそ今来《いまき》の才伎《てひと》であり、いわばテクノクラートの集団移住である。ついで六世紀なかば、日本の欽明《きんめい》朝の頃には国家間の人的交流も盛んになり、技術者の渡来も続いた。いわゆる仏教公伝のあった頃である。中には、早くも一族ごとに守り神として新来の仏教を崇《あが》めている者もあったかもしれない。

この頃の人物で注目すべきは『日本書紀』に登場する継体天皇（大王）とよばれる人物である。この人物の初名は「男迹王《オホド》」。この人物は『日本書紀』では応仁天皇五世とされているがその確証はない。近年の研究は琵琶湖西岸の近江国高島郡の豪族で安曇《あど》川下流にある巨大な稲荷山古墳の主とかかわりがあったかも知れないとする。この男迹王は河内の国での即位後もすぐには大和に入らず、即位五年には山背の筒城（綴喜）に移り、また同十二年には弟国（乙訓）に都す、と述べている。ともに現在の京都府内である。同書にはこの間百済などとの人の往来がさかんであったことも記されている。そして即位ののち、二十年にようやく大和に入る。これらの記述の背景にはなにやら倭国の王統に関する隠れた事実があるようにも読める。

　注目すべきことはこの頃から七世紀の前半にかけて、遣隋使が派遣され、それとともに留学生も同行しているが、それらの人びとには意外にも渡来の人びとが用いられていることである。たとえば、留学生としては東漢直《やまとのあやのあたい》福因《ふくいん》・高向漢人《たかむくのあやひと》玄理《くろまろ》、留学僧として新漢人《いまきのあやひと》日文《にちもん》（旻《みん》）・南淵漢人《みなみのふちのあやひと》請安《しょうあん》らがいる。この少し前には儒学の知識を持った五経博士が百済から来日し、陰陽《おんみょう》道や暦に通じた人びとも来ているという。漢文を用いて文書を作り、外交交渉をするなど、は新来の儒・仏の教学に明るいこれら渡来の人びとの文化力に依存しなければ、この時期の日本の対外折衝は成り立たなかっただろう。彼らの頭脳を通じて、倭国の文明と文化は急速にふくらんでいったのである。

　それはやがて飛鳥文化となって開花する。法隆寺をはじめとする一連の国家事業ともいうべき造寺・造像は、このような朝鮮半島からの渡来の人びとの手によって、あるいはそこから貪欲に新来の知識を学び取ることによって実を結んだ。

　第四の波は、白村江《はくすきのえ》の戦（６６３年）で百済救援に馳せつけた倭国勢が唐・新羅《しらぎ》連合軍に大敗を喫し、百済からの亡命者が相次いで渡来してきたことによる。倭国では中大兄皇子の執政期にあたる。ちょうど律令国家の形成期が始まろうとしていた朝廷では、これらの人びとを重用した。高級官人、技術者は中央の官職に登用した。白村江敗戦のあと、唐・新羅の追撃を恐れた倭国では、各地に朝鮮式山城が構築されたが、これらの築城にあたって新来の人びとの技術に教えられたこと多大であったろう。文官では鬼室集斯《きしつしゅうし》は学頭職として文教行政のトップに立った。今、彼の墓は鈴鹿山脈の麓の滋賀県日野町にあって、地元の人によって守り続けられている。沙宅紹明《さたくしょうみょう》は法官大輔として立法作業を助けた。医者も多かった。のち天武・持統朝の侍医に何人かの渡来医師がおり、陰陽道や修史作業にも彼らは存分にその力を発揮しただろう。また、新来の一般の人びとは主として東国へ編符された。武蔵国などに「高麗郡」が置かれたのはそのことによる。

これらの人びとのうち、どれほどの人が果たして「欣《よろこ》んで王化に浴す」という意識を持ち得ただろうか。「帰化」という言葉は、小中華意識で頭がいっぱいになった律令政府の役人の自己満足のために用いられた用語であった。

秦氏の本拠地・太秦

秦氏は先にみたように、稲荷社、松尾社の創祀・創建にかかわりを持ち、上・下鴨社にも深いかかわりがあった。記録による秦氏の初出は、欽明《きんめい》天皇（５１０〜７０）の即位前紀にある秦大津父《はたのおおつち》の記事である。天皇の霊夢に、秦大津父という人物を重用すれば、必ず天下はうまく治めるようになる、という神のお告げがあった。そこで山背国の深草に住んでいた大津父を捜し出した。大津父は山の中で二頭の相争う狼を神への祈禱によって「汝《なれ》はこれ貴き神にしてあらき行《わざ》を楽む」といさめ、山へ放還した話を天皇にしたところ、天皇はこれこそ神の命じた証拠だとして、大津父を抜擢して「大蔵《おほくらの》省《つかさ》」に任命した。これはすでにその頃、山背の地を開拓し、着々とその成果を上げていた豪族秦氏の中央政界への登用の始まりにかかわる説話である。

そのことと併せて、欽明朝では渡来系豪族を部民制の中へ包み込み、氏姓を与え、地域ごとに再編統属していこうとする動きが活発である。山背の地で実力を蓄えていた秦氏に対しても例外ではなかった。たとえば欽明元年八月条の『日本書紀』は伝える。

秦人《はたひと》・漢人《あやひと》等、諸蕃《となりのくに》の投化《おのずからまう》ける者を召《め》し集《つど》へて、国郡《くにこほり》に安置《はべらし》めて、戸籍《へのふみた》に編貫《つ》く、秦人の戸《と》の数《かず》、総《す》べて七千五十三戸《ななちのあまりいそあまりみへ》。大蔵掾《おほくらのふびと》を以《も》て、秦伴造《はだのとものみやつこ》としたまふ

しかし秦氏の本拠地は必ずしも深草ではなく、葛野郡の中央部、太秦《うずまさ》の地である。ここには、秦氏にかかわる三つの社と一つの寺がある。

その一つは木島坐天照御魂《このしまいますあまてるみむすび》神社である。この神社の祭神は天火明命《あめのほのおあきらのみこと》とするが、これは天照御魂社となった後世の付会で、ここの本来の神は境内西北の樹間に湧き出る泉、すなわちこの太秦の地を潤す水の神であったと考えられる。この泉はさして大きくはないのだが、「元糺《もとただす》ノ池」と呼ばれ、中央の石組の神座《かみくら》を囲むように三つの石の柱を組み合わせた鳥居がある。このような奇妙な鳥居は全国どこにも見られない。古代信仰のあとが今に伝わる一奇観である。この鳥居は池の中に屹立《きつりつ》している以上、水とのかかわりで作られたものにちがいないが、大和岩雄によると、この鳥居は秦氏にかかわる稲荷山、松尾山、およびこの神社の北方にある双ケ丘《ならびがおか》の遙拝所だという。稲荷山から昇る冬至の朝日と、松尾山の磐座《いわくら》のある日埼峯に落ちる冬至の夕日は、この鳥居の作る三面のうち二面から正面に拝することができる。そしてもう一面からは北方の双ケ丘を正面に遙拝することができる。双ケ丘の頂上とその周辺には古墳が多く、特に一ノ丘頂上古墳は太秦蛇塚古墳に次ぐ大きな石室がある。おそらく秦氏またはその一族の首長墓である。それを拝するためにこの三柱鳥居は作られた。さらに松尾

山と正反対の方向に、松尾山と同じ大山咋《おおやまくいの》神を祀る比叡山の四明ケ岳《しめいがだけ》が望まれ、稲荷社と正反対の方向には愛宕山《あたごやま》を拝することができる。また、池の名に元糺ノ池とあるのは「朝日の直《ただ》刺す」の意味であり、玉依日売《たまよりひめ》が丹塗矢に感じて男子を懐妊した賀茂社の糺森の神と同根の信仰に由来する。このような日光感精説話は大陸のシャーマニズムを色濃く反映している、と大和岩雄は述べている。（谷川健一編『日本の神々――神社と聖地』第5巻所収「木島坐天照御魂神社」）

次に木島坐天照御魂神社の境内にある養蚕《こかい》神社、俗にいう蚕《かいこ》の社《やしろ》である。秦氏は古代の天然繊維の内で、いったんその技術を習得すれば比較的容易に大量生産できる養蚕製絹の技術を持っていた。太秦の命名の由来も『日本書紀』（雄略記）に次のように述べられている。

> 詔《みことのり》して秦《はた》の民《たみ》を聚《と》りて、秦酒公《はだのさけのきみ》に賜ふ。公《きみ》、仍《よ》りて百八十種勝《ももあまりやそのすぐり》を領率《ひき》ゐて、庸調《ちからつき》の絹縑《きぬかとり》を奉献《たてまつ》りて、朝廷《みかど》に充積《つ》む。因《よ》りて姓《かばね》を賜ひて禹豆麻佐《うつまさ》と曰《い》ふ。
>
> 十六年の秋七月《ふみづき》に、詔《みことのり》して、桑《くは》に宜《よ》き国縣《くにあがた》にして桑を殖《う》ゑしむ。又《また》秦の民を散《あか》ちて遷《うつ》して、庸調《ちからつき》を献《たてまつ》らしむ。

桑は中国では神木とされ、東方日の昇る地、日本の別号を扶桑というのもそのこととかかわりがある。無限の富を産む蚕への感謝と、神木の桑とを本拠地で祭ろうとしたのであろう。養蚕は秦氏の独占する専門知識を要する技術であった。したがって、のち富士川の辺りで大生部多《おおふべのおお》氏が蚕に似た虫を常世《とこせ》の神として祭った時、秦氏は大首長河勝《かわかつ》の命令一下、大生部多氏を世間を惑わす者として弾圧していることが『日本書紀』の皇極二年条に見えている。

もう一つの社は、蚕の社からやや西へはずれた所にある大酒《おおさけ》神社である。元の名は大辟《おおさけ》神社であった。中世には広隆寺桂宮院の鎮守社であったが、祭神はもうひとつはっきりしない。上田正昭によれば、石を祭るところから道の神、道祖神である、とされている。が、いずれにしろ、広隆寺との関連で秦氏の影が濃い社であることにはちがいない。

広隆寺と弥勒菩薩像

広隆寺といえば、誰もがあの弥勒《みろく》菩薩（宝冠弥勒）を思うであろう。この尊像は日本の国宝指定第一号であった。ドイツの哲学者カール・ヤスパースによって「完成され切った人間実存の最高の理念が余すところなく表現されている」「この地上におけるすべての時間的なるものの束縛を超えて達し得た、人間の存在の最も清浄な、最も円満な、最も永遠な姿の表徴」という最大級の賛辞が贈られている。さらにこの仏像の美に魅せられた一青年が思わず抱擁しようとして、誤って像の指を傷つけたこともあり、話題性に事欠かない。この像はヤスパースのいう清らかさと円満さに満ちた、永遠の美の神である。たしかにこの像の前に立つと、人間が造り得たもので、こんなに美しいものはそう多くはあるまい、という思いにかられる。あるいはこれを作った人はカミの業《わざ》によって作ったのではないか、カミが神の願いを人に託して彫らしめたのではないか、とさえ思える。

初めて仏像に接した欽明《きんめい》天皇は、「蕃国《となりぐに》の献《たてまつ》る仏の相貌《かほ》瑞厳《きらきらし》」と述べたというが、その言葉はこの尊像にこそふさわしい。この像は一名未来仏と呼ばれる弥勒信仰によって作り出された。五十六億七千万年ののち、この世に下生《げしょう》して衆生を救う神である。今は兜率天《とそつてん》にあって衆生済度について沈思・修行している菩薩である。上体をややかがめた半跏思惟《はんかしゆい》像に作られているのは、そのためである。この像はその弥勒の姿を表わしている。この弥勒信仰は朝鮮半島古代の新羅に特に盛んであった。新羅には「花郎《かろう》」と呼ばれる青年集団があったが、その花郎の修養は弥勒信仰によって支えられていた。したがって弥勒仏もまた新羅で盛んに造像されていたのである。

たしかにヤスパースは広隆寺に伝わる弥勒の美をほぼ正しくいい当てた。ただ、これを人類の求める普遍的な美と捉えたのでは困る。なぜなら、この美を創り出した人の背後には、今述べた花郎集団のように、弥勒の救いを求める無慮数千、数万の大衆《たいじゅ》の願いがあったからである。ヴィナスであれ、マリア像であれ、ダビデであれ、ヨーロッパの創り出した美の最高の姿の中にもそれぞれの時代を生きた人びとの願いが込められていたはずである。それと同じようにこの弥勒菩薩像の背後にも菩提の心を求める数千、数万の衆生の願いが込められていたことを忘れてはならない。

６０３（推古十一）年、皇太子厩戸《うまやど》（聖徳太子　５７４〜６２２）は群臣を集めて述べた。

「我、尊き仏像《たふとほとけのみかたち》有てり。誰《たれ》か是《こ》の像《みかた》を得《え》て恭拝《ゐやびまつ》らむ」とのたまふ。時に、秦造河勝《はだのみやつこかはかつ》進《すす》みて曰《い》はく、「臣《やつかれ》、拝《おが》みまつらむ」といふ。便《すで》に仏像を受く。因《よ》りて蜂岡寺《はちのをかでら》を造る。

（『日本書紀』推古十一年条）

この時、秦河勝に贈られたのが像高二尺八寸の宝冠弥勒木像であることはほぼ定説化している。

広隆寺にはこの尊像とは別の、もう一体の弥勒像が同寺霊宝館に置かれている。いわゆる泣き弥勒であって、こちらは金銅の尊像である。これは６２３（推古三十一）年、厩戸皇太子没後一年、新羅から遣使があって、生前何かと縁の深かった太子の供養のために仏像一軀を贈った、とされるものである。このことで泣き弥勒、すなわち宝髻《ほうきつ》弥勒が新羅で作られたものであることが文献上推定されていた。けれども、宝冠弥勒については、どのような人によって、どこで作られた像であったか、確定できなかった。ところがこの像は飛鳥時代にまったく作例のないアカマツを彫ったものであることがわかった。そうだとすれば、新羅に多いアカマツ材の像を作った彫工の手に成るものであることが推定される。ついで１９７０（昭和四十五）年の大阪万博および１９７７（昭和五十二）年の韓国美術展に出品された韓国国立中央博物館の金銅弥勒菩薩像が、広隆寺のそれと瓜二つであったことから、この日本国宝第一号の優品はまぎれもなく新羅仏であったことがわかった。しかもその背景には、先にみたように花郎の弥勒信仰が新羅で盛んであった、という信仰の背景も十分に考えられるのである。

山背は渡来人の沃野

そこで厩戸皇太子の求めに応じて、この仏を山背《やましろ》の地に将来してきた秦河勝のことを考えねばならない。

広隆寺には厩戸皇太子、すなわち聖徳太子（または上宮太子・厩戸王）にかかわる伝承や創始譚がこの他にも非常に多い。実際に太子がこの地に来たかどうかは知るよしもない。秦河勝はもと太子の秘書格であったが、太子の摂政後半には太子の謀臣のトップであったと思われる。もともと太子は百済系の蘇我氏に擁立された人であったが、のちの新羅系の秦氏、吉士《きし》氏などに接近した。太子の没後、子の山背大兄王《やましろのおおえ》が蘇我氏によって滅されたことも、百済、新羅出身の両渡来豪族の中央政界における確執とからんでいるとみられる。

秦河勝は『日本書紀』推古十八（６１０）年十月条で、新羅、任那《みまな》の使人《つかい》との応接にあたったとされている。つまり新羅と太子を結ぶパイプ役であった。したがって弥勒菩薩下賜の一件も、自分の本拠地である山背に造寺する許可を太子から得て、その寺の本尊とした、というようにもよめる。ただし、６３２（推古三十）年に建立された蜂岡寺＝元広隆寺説は、今の広隆寺の地ではない。おそらく過年出土した北野廃寺がそうであるらしい。また広隆の名は河勝の本名と伝え、本来は秦公寺《はだのきみてら》であった。その名のとおり、秦氏一族の氏寺であった。場所については葛野郡の他の地を指している記録（『広隆寺縁起』）もある。

ところで、秦氏はいったいどれくらいの勢力を持っていたのだろうか。『新撰姓氏録』によると、雄略朝の頃、すでに「秦氏九十二部一万八千六百七十人」とあり、七世紀前半の河勝の頃には相当の大勢力となっていたとみられる。しかし秦氏一族は河勝のように中央政界に進出することは稀で、あくまで山背を中心とした地方豪族に徹していたようである。秦氏が再び世間で注目されるようになるのは、河勝の頃より約百五十年後、山背が新たに首都を迎える時代である。

河勝の没年はよくわからない。ただ、命日は九月十二日ということだけが伝えられていて、この日に大酒神社の奇祭「牛祭」が行なわれる。この牛祭は恵心僧都源信（９４２～１０１７）の霊夢によるもので、広隆寺講堂の本尊阿弥陀如来報恩のため、摩叱羅神《まだらしん》という神を念仏守護の神として祀ることを始めた。のち、魔障退散の祭文を唱えて、異形の神が牛に乗って練り歩く、という形になった。この行事には多分に道教的な性格が加わっているとされる。のち、比叡山の円仁は入唐の帰路、順風を摩叱羅神に祈り、帰朝後、比叡山西麓の赤山に祀ったが、この赤山明神は泰山府君の別号がある道教神の性格を持つところから、二つの伝承が重なって混同したものとも考えられる。ちなみに摩叱羅神はもとインドの火の神であったという。

秦河勝はまた、猿楽の祖とも称される。世阿弥（１３６３〜１４４３）の『風姿花伝』によると、

> 近比《ちかごろ》、万人《ばんにん》の翫《もてあそ》ぶ所は、推古天皇の御宇《ぎょう》に、聖徳太子、秦河勝に仰《おほ》（せ）て、且《かつは》天下安全のため、且《かつは》諸人快楽《けらく》のため、六十六番の遊宴を成（し）て、申楽《さるがく》と号せしより以来《このかた》、代々《よよ》の人、風月《ふげつ》の景を仮《かつ》て、此《この》遊びの中だちとせり。其後《そののち》、かの河勝の遠孫《ゑんそん》、この芸を相継《あいつ》ぎて、春日・日吉《ひえ》の神職たり。仍《よつて》、和州《わしう》・江刕輩《しうともがら》、両社の神事《じんじ》に〔従ふ〕事、今に盛《さかん》なり。

当然のことながら、この遊宴に関する太子と秦河勝伝説には何の根拠もない。ただひとついえることは、大和猿楽が深い関係を持っていた大和多武峰談山《とうのみねたんざん》神社に魔多良神《またらしん》が祀られ、修正会《しゅじょうえ》に「六十六香猿楽」の延年が舞われていること、多々良《たたら》神と能楽の翁面《おきなめん》信仰との関連などを考えると、芸能の深層部で何らかの繋がりがあったとも考えることができる。

金春禅竹《こんぱるぜんちく》（１４０５〜７１?）の『明宿集』にも秦河勝が登場する。

昔、上宮太子ノ御時、橘ノ内裏ニシテ、猿楽舞フ奏スレバ、国穏《おだ》ヤカニ、天下太平トナリトテ、秦ノ河勝ニ仰セテ、紫宸殿ニテ翁ヲ舞フ。ソノ時ノ御姿《おんすがた》、御影《みえい》ノゴトシ。

とある。今に伝わるのはせいぜいこの程度の伝承にすぎないが、秦氏が同族の人を朝鮮半島から迎え入れるにつけ、技芸の分野でも優れた伎人《てひと》（才伎）が日本列島に住み着いたことは十分考えられるのである。

河勝の墓は、広隆寺西方にある蛇塚古墳がそれに擬せられているが、確証はない。全長七十五メートルもある巨大な前方後円墳に祀られる人は、河勝のようなこの地の大首長以外に考えられない、というわけである。広隆寺には秦河勝夫妻の像という神像がある。これも果たして河勝夫妻像かどうかはわからないが、仏教の造像の影響を受けて、日本古代信仰の神々の造像が試みられたことの一例であろう。

このようにみてくると、古代のわが山背盆地は秦氏の平野であった、といってもいい状況であった。

この富饒にして強大な秦氏の他にも、この盆地には渡来系の有力氏族が蟠踞《ばんきょ》していた。南山城の高句麗《こうくり》系の高麗《こま》（狛）氏である。高麗廃寺跡の遺蹟や蟹満寺《かにまんじ》、高倉神社は彼らの栄えた文化が作り上げた。八坂法観寺の基を開いた祇園の八坂造《やさかのみやつこ》の一族は、この高麗氏の一部が北上したものと考えられている。

また、木津川の西岸には任那国主の後裔とする多々良公《たたらのきみ》氏がいた。欽明朝に渡来して「金多々利金牟居」を献じたので、多々良公姓を与えた、と『新撰姓氏録』はいう。京田辺市の新宮神社がその祖神を祀ったものとされている。この多々良公はあるいは、古代の南朝鮮の多羅国からきたものか、あるいは古代製鉄技術にかかわるタタラからきたものかもしれない。

秦氏と婚姻関係のあった出雲《いずも》氏はその名のとおり出雲系であり、こちらも渡来の色合いが濃い氏族である。

山背盆地の中部にいた土師《はじ》氏については、はっきりした渡来の伝承はない。しかし代々の職掌である古墳・陵墓の造営という技術は、もともと縄文期の日本列島にはなかった技術であるから、やはり渡来系氏族とみる見方がある。のち、この一族の土師真妹《はじのまいも》と百済武寧王の後孫である和乙継《わのおとつぐ》との間に桓武天皇となる山部王の母・高野新笠が生まれる。

その他、宇治地方には佐太氏や岡屋氏がいる。その北方の旧紀伊郡には紀氏がいるが、この紀氏ももとは渡来系だという説がある。なお、この地方に置かれた鴨県主《かものあがたぬし》、栗隈県主についてはどういう氏族だったのか、よくわかっていない。

いずれにしても二、三の氏族を除いてほとんどの平野部が渡来系の氏族またはその姻族によって占められている、というのが山背国のいつわらぬ古代の姿であった。

時代は少し下るが、平安京造営後間もなく、桓武天皇（７３７〜８０６）によって編纂の命が下され、８１４（弘仁五）年、嵯峨天皇（７８６〜８４２）の時に完成された『新撰姓氏録』という史料がある。これは三十巻から成る大部の記録であるが、京域内の左京・右京両域と畿内五国（山城・大和・摂津・河内・和泉）の氏族千百八十二氏の系譜を、皇別——天皇家から分かれたもの、神別——天皇＝

大王家の神とは別に記紀（『古事記』と『日本書紀』）神話に登場する諸々の神を祖先とするもの、および諸蕃（蕃国《となりぐに》）から渡来してきたもの、の三部に分けて整理、記述したものである。これは各氏にそれぞれの系譜の由来の提出を求めた本系帳などを基にしている。

「秦氏本系帳」は一つの例であるが、その伝承はかなりわざとらしさが目につき、もとより神話や伝承と史実との混同ははなはだしい。けれどもおおよその区分けができ、特に外来、あるいは渡来系の勢力の状況を知ることができる。

山城地方に限っていうと、左・右京の皇別氏族は合わせて八十七氏、山城国は二十四氏。ただしこの中には明らかに渡来系とみられる息長《おきなが》、高向《たかむく》、膳《かしわ》、和邇《わに》氏らが多数含まれている。神別は左・右両京で百五十五氏、山城国の三十五氏を加えて百九十氏。この中にも秦忌寸《はたのいみき》が神饒速日命《かむにぎはやひのみこと》の後裔として入るなど、渡来系がまざれ込んでいる。

要するにこの『新撰姓氏録』の分類というのは、少なくとも桓武朝までに、何らかの方法で記紀説話に繋がる伝承を持っていたか、あるいは巧みにその伝承を作為し得ていた氏族の名乗りが公認されていたかによって、皇別、神別に組み入れられたのである。それに乗り遅れた諸氏族、あるいは乗ることを潔《いさぎよ》しとせず、固有の氏族伝承を誇って提出した者が「諸蕃」の取り扱いを受けたものであろう。

それによると、左京諸蕃は太秦公宿禰《うずまさのきみすくね》すなわち秦氏以下、筑紫史《つくしのふびと》、吉水連《よしみずのむらじ》、清水首《しみずのおびと》など七十二氏、右京諸蕃は坂上大宿禰《さかのうえのおおすくね》から田邊史《たなべのふみと》、大山忌寸《おおやまのいみき》、三宅連《みやけのむらじ》など百二氏、これに京域外の山城国の秦《はたの》忌寸《いみき》から多々良公《たたらのきみ》にいたる二十二氏を加えると合計百九十六氏に達し、氏姓の数としてみた場合、皇別を超え、神別と並ぶ数である。

その他の畿内諸国の諸蕃についていうと、大和国二十五氏、摂津国二十九氏、河内国五十六氏、和泉国二十氏で、京域と山城国の合計数と比べると、これまた京域を含めたオール山城が他の諸国を抜いている。もっとも、平安新京の完成という中央集権事業が弾みになって諸国在住の諸蕃が新京に居住を求めた点は差し引いて考えねばならない。全氏族数としては諸蕃は約三分の一を占める。それにしても、京・山城で諸蕃出身の氏姓を名のる人びとの多さは、目を見張るばかりである。このことは当然、世帯数あるいは人口にも反映していたはずである。姓もなかった隷属民は別として、氏姓を与えられた人びとだけの比較だとしても、渡来系の人びとの比重のおおよそが知られるであろう。

緑濃く、水清かった平安奠都《てんと》以前の山背盆地は、まさしく渡来人が開拓した稔り豊かな盆地なのであった。したがって、盆地のあちこちに見ることのできる弥生時代以降の住居跡、寺院跡、古墳などもまた、そのほとんどが彼らの生きた証《あかし》を伝えているのである。

2 平安京をつくった人びと〈奈良〜平安時代初〉

平安楽土・万年春の実相

794（延暦十三）年十一月丁丑《ひのとうし》（八日）、桓武天皇は詔《みことのり》を出した。

山勢実に前聞に合《かな》う　此国山河襟帯《きんたい》して自然に城を作《な》す　斯《こ》の形勝によりて新号を制すべし　山背国を改めて宜《よろ》しく山城国と為《な》すべし　又子来の民　謳歌の輩《やから》　異口同辞　号して平安京と曰ふ

（『日本紀略』）

翌795（延暦十四）年正月十六日、新年の節会《せちえ》が新京の内裏で行なわれた。桓武天皇の前で平安奠都《てんと》を祝う新年大宴会である。集まった数千人の官人・官女たちは足を踏み鳴らして踊りながら踏歌《あらればしり》を歌い囃した。その踏歌は漢文直読であったらしく、一節歌い終わるごとに囃子言葉のリフレインが合唱される。

新京　楽　平安　楽土　万年　春
Xinjing le, Pingen Letu, Wannien dhun!
（川口久雄「漢文学の世界」『海外視点・日本の歴史』第5巻所収）

日本の新しい首都の移転と造営を祝い寿《ことほ》ぐにしては、まことに異国情緒あふれた宴会であった。

この平安新京の造営という事業は、土木・建設事業としてもまさに桓武王朝の命運を賭けた大事業であった。それとともに考えておかねばならないことは、この時代の遷都《せんと》という事業の多くは政治上の大事件であった、ということである。

特にこの平安奠都に至るプロセスは、尋常一様のものではなかった。天皇の近親者の同族相食《あいは》む残酷な殺害事件が相続いて起こった。有力な政治家の謀殺、処刑、追放が相次いだ。いささか不吉ない方をすれば、この平安京は古代から渡来系氏族によって開拓されてきた緑織りなす森と水清い沃野を血で染め上げながら、ようやくの思いで完成に漕ぎ着けた、といってよいだろう。

平安京の前、奈良の平城京は「青丹《あおに》よし、咲く花の匂うが如し」と謳われていたが、一歩政治の世界へ目を向けると、こちらも同じような状況であった。奈良朝は壬申《じんしん》の乱で政権を奪取した天武系の皇統に繋がる天皇と藤原北家が協同してできた政権であったが、皇位をめぐって紛争が絶えず、有力後継者の男子は次々と自殺に追い込まれるか、廃太子の運命に追いやられた。そのため末期の道鏡政権の時、称徳女帝のあとに後嗣がいなくなってしまう、という状況が生まれたのである。そしてこのことが山背国、つまり今の京都盆地に平安京が誕生するきっかけとなった。天武系の皇統が断絶したあと、皇位は天武の兄、天智《てんじ》天皇（626〜71）の後裔を探し出すしか方法がなかった。そこでやむを得ず担《かつ》ぎ出されたのが、天智の孫でもう六十二歳になっていた白壁王であった。

光仁天皇（709〜81）である。本来ならば、政争に巻き込まれないために、できるだけひっそりと一生を過ごすはずであった白壁王は、にわかに陽のあたる場所に据えられた。そのため、政治の世界に巻き込まれたとたん、大きな犠牲を払わねばならなかった。こともあろうに、皇后に立てた井上内親王《いかみ》（聖武天皇の孫）と光仁の間にできた他戸《おさと》皇太子が、新天皇に対して呪いをかけているという疑いをかけられた。そのため皇后、皇太子は廃され、二人は同じ日に死に追いやられた。謀臣藤原式家・百川（732〜79）の陰謀である。代わって新しい皇太子には山部親王が宣下を受けた。山部の母は高野新笠《たかののにいがさ》（?〜789）という。山背国乙訓《おとくに》郡大枝の里に生まれた渡来系氏族和《わ》氏の女《むすめ》であった。この女性の存在が平城京から山背国への都移りに繋がったとみてよい。

山部皇太子は老齢の父光仁天皇の施政後半期には父天皇を扶《たす》け、かなり政務にかかわっていた。彼はまず諸制改革、今日でいう行政改革をやって、冗費、冗員を極力抑《おさ》えた。ついで光仁朝になっても京域内にあってなお大きな勢力を保ち、油断のならなかった僧侶の行動、規律を改め、仏の霊験を説いて民を惑わすことを禁じた。また、新しく私寺を建立することも禁じた。

前者の行政改革は、その頃東北の「蝦夷《えみし》」と呼ばれた人びとの抵抗、中央政府からの離脱の動きに対する「征討」のために、大軍事動員をかけねばならなかったからである。後者の僧俗分離令は、東大寺・興福寺などの巨大な寺院勢力が再びその経済力にものをいわせて政治の世界に進出することを避けるためであった。

だいたい、生涯を通じて桓武天皇は仏教に熱心ではなかった。東・西両寺を別とすれば、仏寺を建立したのは、都を外れた近江に梵釈寺と後年の比叡山寺（延暦寺）を建てたくらいのもので、長岡・平安両京に私寺を新しく建てることは許されなかった。彼を描いた肖像を見ても、中国の儒者風に描かれている。現に彼は儒教や道教に関心があったらしく、河内交野《かたの》で儒教あるいは道教思想に基づく中国風の天の祭儀を785（延暦四）年（一説に同六年）に行なっている。このことと長岡京の京域設定との間にかかわりがあるという説も出されているくらいである。

781（天応元）年、山部皇太子は桓武天皇として即位、皇太子は同母弟でそれまで東大寺の僧侶であった早良《さわら》親王（?～785）と決まった。これが次の悲劇の引き金となる。即位後も新政権の地位は安泰とはいえず、782（天応二）年、聖武天皇の外孫氷上川継《ひかみのかわつぐ》（生没年不明）の謀反事件が起こる。こうなれば桓武天皇に残された政治手法は常套的だが三つしかない。一つは側近を完全に忠誠を誓う者で固めてしまうこと。二つ目は東北の軍事を強行して、一気にカタをつけること。三つ目は陰謀渦巻く平城の都を離れ、より安全で旧勢力の影響の及ばない場所で政治を執ること、であった。

784（延暦三）年、準備に時間がかかる東北鎮圧を除いて、あとの二つが断行された。その年五月の人事ですでに没していた藤原百川の甥、従三位種継（737～85）を北家の正三位小黒麻呂（733～94）とともに中納言に抜擢した。中納言・春宮《とうぐう》大夫の大伴家持《おおとものやかもち》（718?～85）は持節征東大使に任ぜられ、中央政界から遠ざけられるとともに難事の東北鎮圧の責任を負わされた。また桓武の皇后には百川の姪、乙牟漏《おとむろ》（760～90）が冊立され、百川の娘旅子（759～88）も夫人となった。新人事が発表されるや、間髪を入れず、両中納言は五月十六日、山背国長岡村を視察し、その報告を受けて六月十日には種継と佐伯今毛人《さえきのいまえみし》（719〜90）を造長岡宮使に任命して、宮殿の造営にかからせた。

高野新笠と長岡遷都

長岡の地が新都に選ばれたことについては、やはり桓武の出生とその母、高野新笠《たかののにいがさ》に返らなければならない。高野新笠の父は百済国都慕《つぼ》王十八世の孫、武寧王を祖とする和乙継《わのおとつぐ》（生没年不明）で、母は乙訓《おとくに》地方の有力氏族土師《はじ》（のち大枝に改称）氏の女《むすめ》、真妹《まいも》（生没年不明）である。土師氏の踞居地は乙訓だけではないから、ここからあとはあくまで推定だが、この時代の結婚と家族の慣例として、新笠は母方の里、大枝郷で生まれ育ったであろう。そして新笠を母とする幼い山部王もまた、成年に達するまでは母のもとで養育されたことは、まず疑いのないところである。桓武天皇には乙訓郡一帯の土地カンがすでにあったのだ。

高野新笠について、『続日本紀』には「皇后（新笠のこと）は容徳淑茂《すくも》、夙《つと》に声誉を著《あらわ》す」とある。桓武とこの母の人間関係について直接触れることのできる史料はないが、782（延暦元）年、母子二人が祭祀者となって、それまで大和国今来郡（高市郡）に祭られていた今来（木）神を平城宮内の左京・田村後宮に移し、従四位上の神階に叙している。今来神とは「今来の才伎《てひと》」のこと、すなわち新来の渡来人の神のことである。大和国高市郡は早くから百済系の渡来人の集まり住んでいた所である。この高市郡に住んでいた渡来人の有力者の一人、坂上苅田麻呂《さかのうえのかりたまろ》（728〜86）は陸奥守鎮守府将軍となった武人であるが、この人が光仁天皇の朝廷に上表した文中に、

およそ高市郡の内は、桧前忌寸《ひのくまのいみき》および十七の県《あがた》、人夫地に満ちて居り、他姓は十のうち、一、二か

と述べた箇所がある。忌寸とは渡来系の氏族に与えられた姓《かばね》である。このような状態だから、高市郡は一名「今来郡《いまきのこおり》」と呼ばれていた。そこに今来神は祭られていた。つまり今来神はそれらの百済系渡来人大グループの尊崇する神であった。

桓武は即位早々にこれを京域内に移し、さらにのち、平安京が造営されると、今来神を主神とする平野神社を現在の地に創建した。794（延暦十三）年の頃とされる。平野神社には今来神の他に久《く》度神《どのかみ》、古開神《ふるあきのかみ》、比咩神《ひめのかみ》も祀られているが、その三神も渡来系集団の祀る神と考える説が有力だ。「白壁のみこのみおやのおほぢこそ平野の神のひひこ（曽孫）なりけれ」という歌は平安末期に詠われたものであるが、創建当初から、今来神が桓武母系の渡来神であったことがよく知られていたことを窺わせている。

このように桓武天皇はこの母に絶えず気を配っていたとみられる。そればかりか、母の出身が渡来系の氏族であることを逆手にとって、自分の政治的基盤を固めようとした。母の縁に連なる渡来系氏族が根を張った山背《やましろ》国を新政権の新しい根拠地にしようという思いは、皇太子に立てられた時から持っていたかもしれない。

おそらく偶然ではない、と思われるのが、新政権の中枢を占めた人びとが、いずれも山背国の有力

渡来氏族秦氏と姻戚関係にあったことである。官房長官格の藤原種継の母は秦朝元の女《むすめ》であり、初代造営大夫の一人、小黒麻呂の夫人は秦忌寸《はたのいみき》島麻呂の女《むすめ》、そしてこの二人の間に生まれたのがのちの遣唐正使、藤原葛野麻呂《かどのまろ》（765〜818）である。新都の造営という大事業には、その土地に住む有力豪族の協力を欠くことはできない。藤原氏が秦氏と姻成関係を持っていたということは、この時代、秦氏は中央政界に登場することはほとんどなかったにしろ、山背国をはじめ各地で在地豪族として隠然たる力を蓄え、中央の貴族もまた秦氏の財力に何かと依存することが多かったのではないか、と考えられる。

長岡京造営について、この姻戚関係は渡りに舟だった。山背の秦氏は早速、造宮のために動き出した。特に問題となるのは、造宮役夫の調達である。毎日数千人の人員とそのための食料、労賃を工面しなければならない。しかも突貫工事である。秦氏のトップの号令がなければどうにもならなかった。

一方、秦氏のほうから桓武政権に期待し、何かと働きかけをしたのではないか、という証拠に、次のようなことが挙げられている。『類衆国史』によれば、山背国の秦忌寸刀自女《とじめ》ら三十一人が、桓武天皇のために、桓武がまだ皇太子であった772（宝亀三）年から792（延暦十一）年まで、毎年春秋に悔過《けか》修福の祈禱を続けていた、というのである。

もしそのとおりだとすると、山部親王にかける秦氏の期待は大きく、山背への遷都は秦氏の側でも望んでいた、と理解される。秦氏は山背国の北西部、葛野郡が主たる根拠地だった。いつの頃かはっきりしないが、秦氏が大堰《おおい》川から水を引いて「葛野大堰」を作った。それは本拠地の嵯峨野から宇多野にかけては水利が悪く、ここで居住と耕作を進めるにはどうしても大きい河川から水を引く必要があったからである。嵐山渡月橋の上流の河畔に秦氏出身の僧、道昌が、836（承和三）年にこの大堰の修理をした記念碑が立っているが、修理自体も難工事だったらしい。この秦氏の土木技術力は宮都造営を進めるために、それはどうしても必要なテクノロジーであった。それはともかく秦氏の協力体制は整ったらしい。やがて工事は順調に運びだした。784（延暦三）年十二月に、

山背国葛野郡の人、外正八位下、秦忌寸足長、宮城を築き、従五位上を授けらる。（『続日本紀』）

という記事が見られる。

それにしても、新都への移転はあまりにも急であった。784（延暦三）年の六月に造宮大夫を任命し、ただちに諸国にその年の調庸ならびに造宮の用度の物を進上させる命を出したが、桓武天皇はそれから半年もたたない十一月中旬には長岡京に移り、翌785（延暦四）年正月、早くも新造の大極殿で朝賀を受けている。なぜ、これほど造営を急ぎ、天皇が移ってこなければならなかったか。大極殿はやっと完成したものの、周辺の官衙《かんが》、諸門、諸官の邸宅などはほとんど未完成だったにちがいない。桓武の急遽移転の理由は、どうやら旧都平城京の中にありそうだ。

桓武天皇の僧俗分離、私寺建立の禁止などの政策は、平城京の仏教勢力にとっては大打撃であった。そこへ突如、降って湧いたような遠方への遷都発表である。奈良朝の政権の下《もと》で手厚く保護され、さまざまの特権を得てきた寺院勢力にとって、不安、不満が一挙に吹き出したとしても当然であ

る。遷都直前の京内には、盗賊、放火、略奪が横行したといわれる。政府の側では摂津職・和気清麻呂《わけのきよまろ》からガマの奇瑞を奏上させて、陪都である難波《なにわ》への遷都だと思わせたり、長岡京の地を視察する時には陰陽師《おんみょうじ》を同行させて、新都が「四神相応」の地であると報告させて、人心の動揺を防ごうとした。けれども政権がいったん決定したことは、どんな妨害があっても実行しなければならない。それがにわかの都移りの理由ではないか、と思えるのである。

この新都造営の前途を阻《はば》む暗雲は、早くも翌785（延暦四）年九月に立ちはだかった。それは桓武政権の中軸を担《にな》い、しかも造宮の実質的な最高責任者である藤原種継が、造営現場を視察中、何者かによって矢を射かけられ、暗殺されるという事件となって現われた。早速犯人の捜索が始まるが、暗夜のこととてはっきりしない。結局、大伴宿禰《すくね》継人、佐伯宿禰高成ら八名が犯行にかかわったとして斬刑に処せられ、数名が配流、すでに故人となっていた大伴家持も事を知り得ていた、という理由で官位を奪われた。

さらに累は皇弟早良《さわら》皇太子に及んだ。一味の中に春宮職《とうぐうしき》に属する者がいて、その自白から早良皇太子が関与していたという供述を得た。疑いをかけられた早良は淡路国へ配流と決まったが、船送途中で抗議の絶食を敢行し、自ら命を絶った。桓武天皇の周りで起こった第二の呪わしい悲劇である。

この種継暗殺事件については、大伴継人らが藤原種継らによる大伴氏追い落としにかねてから不満を鬱積《うっせき》させていたこと、同時に種継らの遷都強行にも強く反撥していたことなどから、大伴氏らはクロ、早良皇太子は讒言《ざんげん》による無実の罪を被《かぶ》った人物でシロ、という説が有力であった。現に種継暗殺後、クーデターが起こる気配もなかったのである。

だが、この頃の早良皇太子の立場を考えてみると、彼もまたかなり不安定な立場に立たされていた。皇太子に立てられていながら、桓武天皇の実子、安殿皇子《あでのみこ》（のちの平城《へいぜい》天皇　774〜824）が成長していた。早良はもと親王禅師として東大寺に有力な発言権を持っていた。だがこの早良の親仏教派、親南都派という立場は、まさしく桓武＝種継の仏寺統制、南都放棄という路線の対極にあった。一方では着実に進む山背の新京造営という現実があれば、早良が種継をこの際亡きものにして遷都を中止させるという企てにのる可能性は高い。したがって、実行そのものには加わらなかったとしても、暗殺計画は知っていた、とする説が出ている。（高田淳「早良親王と長岡遷都」『日本古代の政治と制度』所収）

いずれにしろ、種継暗殺の一件で長岡京のイメージは大きくゆらいだ。第一の寵臣を失った桓武天皇の権威も大きく傷ついた。また政治の世界の非情さゆえの出来事とはいえ、同母の弟を自殺に追い込んだ負い目は癒しがたい傷を天皇の心に残した。悪い時には悪いことが重なるものである。問もなく桓武天皇の周りに不幸な出来事が相次いで起こる。

788（延暦七）年、夫人藤原旅子が没、翌年には敬慕してやまなかった母の高野皇太后の死去、これは弟早良のこととからんで桓武にはショックだっただろう。789（延暦八）年、紀古左美《きのこさみ》（733〜99）を征東大将軍とする政府軍は、太墓公阿弖流為《たものきみあてるい》（?〜802）に胆沢《いざわ》城周辺で大敗北を喫し、古左美はほうほうの体《てい》で長岡京へ還《かえ》ってきた。

また、悪疫が山背に流行する。790（延暦九）年には乙牟漏《おとむろ》皇后が没した。ところが二人の間に生まれ、早良のあと皇太子に立てられた安殿皇子は、神経症的な体質で病弱であった。これらの凶事の連続は、誰ともなく、恨みを呑んで亡くなった早良前皇太子の怨霊の祟りだ、といいだした。すっかり弱気になった天皇は、呪われた乙訓の地から脱出し、人心一新を図る以外に自分と皇太子の安泰の道はないと考えるようになった。

再遷都と桓武のブレーンたち

近年の発掘によって、その頃の長岡京は九十パーセントが完成していたことがわかってきた。（福山敏男他『新版　長岡京発掘』）それでも、天皇は再度の遷都を断行しなくてはならない。今度は大納言に昇進していた藤原小黒麻呂と東北敗軍の将、紀古左美を遣わして、同じ山背国葛野郡宇太村の地を視察させた。この地も陰陽道でいう四神相応の地だ、という。四神とは北に玄武（山岳）、南に朱雀（大池）、東に青龍（河）、西に白虎（大道）である。長岡京も同じ地勢で、桂川と鴨川が入れ替わっているだけだ。南に向かって土地が下り、大遊水池として南に巨椋《おぐら》池を持つ山背北部の地勢であれば、どこでも同じことになる。幸い、このたびの宇太村は河勝以来の秦氏の根拠地である。新宮殿の紫宸殿南庭の橘の木は、もと秦河勝の屋敷跡にあったものというが、これはもちろん作り話である。早速、新宮の諸門を造らせ、東西両市を新京に移し、商売が始められるようにした。その上で辛酉歳《かのととりのとし》、すなわちものごとが改まる年の７９４（延暦十三）年十月二十二日、桓武の乗った車駕は平安新京に遷《うつ》った、というわけである。明治になって始められた時代祭はこの日に因んでいる。

この二度の遷都は莫大な人員と費用がかかった。長岡京の造都が本格化した頃の７８５（延暦四）年は、諸国の百姓《ひゃくせい》（一般人民）三十一万四千人が工事に雇われた。それらの労働力を徴発された農民の苦痛は筆舌に絶したであろう。

788（延暦七）年に天皇は詔を発して、その労をねぎらい、税・公用負担金を問わず出挙《すいこ》（利息つき貸付）の率を下げなければならなかった。


（前略）水陸便有りて、都を長岡に建つ。しかるに宮室未《いま》だ就《なら》ず、興作稍《ようやく》多し。徴発の苦、頗《すこぶる》百姓に在《あ》り、是を以《もつ》てその功貨を優して労煩《ろうはん》無《な》からんと欲す。（中略）諸《もろもろ》の役夫を進之《たてまつるの》国、今年の出挙《すいこ》は正税・公廨《くがい》に論ぜず。宜《よろ》しく一切にその息利《そくり》を減ずべし。

（『続日本紀』）


この間、自分たちの財力を傾け、桓武王権の物質的な土台を築いた渡来系豪族たちは、何をこの大事業の反対給付として期待したのだろうか。

先にみた秦忌寸足長という人物は、その功により外正八位という地位から一挙に従五位上という殿上の貴族に記されている。また、秦氏とかかわりの深い近江国の勝《すぐり》益麻呂《のえきまろ》は役夫三万人余を独力で雇い、食料を付けて提供した。この人も外従五位下に叙任された。中には、渡来系氏族の出身で、高野新笠の父の家に連なるというだけで、実力もないのに昇進させられた人がいて、史書の編者はよくは評していない。それは和《わの》朝臣家麻呂（生没年不明）という「左京諸蕃」に記され、従三位中務《なかつかさ》卿に任ぜられた人物の場合である。

『日本後紀』はいう。

その先は百済国の人なり。人となり木訥《ぼくとつ》にして才学なし。帝の外戚《がいせき》なるをもって特に擢進《てきしん》を被《こうむ》る。蕃人《となりぐにのひと》、相府《そうふ》に入るは、これより始《はじま》れり。人位《くらい》余りあり、天爵足らずというべし。その貴職に居るといへども、故人に逢へば、その賤を嫌《いと》はず、手を握りて相語る。見る者感ぜり。時に年七十一。

この家麻呂という人は和弟《わのおと》（乙）継《つぐ》の孫というから、高野新笠の甥にあたる。この例などは殿中での故事、行儀作法に口やかましい貴族のひがみともとれ、大らかに人と接してきた家麻呂のほうにかえって好もしい印象が持たれる。このように、一般に在地豪族である渡来人たちは、名誉ある栄爵を期待したようである。

渡来系の人びとでも在地の豪族でなかった人びとの中には、文官として活躍した人がいた。菅野真道《すがののまみち》（741〜814）の場合がそうである。菅野氏は百済系の渡来人で、もとは津または津連《つのむらじ》と称していた。真道は790（延暦九）年に百済王《くだらのこにしき》仁貞、同元信、忠信らと連名で上表し、百済の王族の出身だという系譜と事蹟を述べて、「朝臣《あそん》」の姓《かばね》を申請した。桓武天皇はこれを認めて菅野朝臣の氏姓を与えた。その後、796（延暦十五）年に造宮亮《ぞうぐうのすけ》に任じられ、平安造都の推進に携わったが、他方で『続日本紀《しょくにほんぎ》』の編修を命ぜられて完成し、それらの功を認められて官位は従三位参議にまで昇進した。また、弾正尹《だんじょうのかみ》造宮卿となった高麗《こうらい》（倉）福信《ふくしん》（709〜88）という人もいる。女性では百済《くだらの》明信《めいしん》を挙げねばならない。彼女は百済王家の人で、大納言藤原継縄《つぐただ》（727〜96）の夫人となり、桓武天皇はしばしば継縄の河内交野《かたの》の別邸へ行幸して鷹狩りを行なった。のち桓武天皇の後宮に入って尚侍となり、女性ながら従三位にまで昇った。才智に乏しかった夫、継縄が後半生に出世できたのも、この才色兼備の夫人によるところが多かったらしい。

次に平安造都に直接の関係はなかった人ではあるが、もう一人の渡来系氏族の巨峰を挙げる。それは征夷大将軍で「赤面黄鬚《こうしゅ》、勇力人に過ぐ」といわれた坂上田村麻呂《さかのうえのたむらまろ》（758〜811）である。坂上氏は、記紀によれば、応神天皇の頃渡来した阿知使主《あちのおおみ》を祖とする。のち直《あたえ》という姓《かばね》を与えられ、中でも東漢《やまとのあや》氏が有力であった。この東漢氏の流れを汲むのが坂上直《さかのうえのあたえ》氏である。田村麻呂は武人で名高かった苅田麻呂《かりたまろ》の子である。坂上氏の本拠地は大和国高市郡、すなわちあの「今来郡《いまきのこおり》」である。

京都東山清水寺の開山堂は田村堂ともいい、坂上田村麻呂が祀られている。これは田村麻呂が清水寺の草創に力を尽し、伽藍を建立した功績による、とされている。しかし武門の棟梁を開山堂に祀ることはどうみても不自然である。これには一つの説話がある。田村麻呂はある時、その夫人の安産祈願のために鹿の生き血を求めて東山の音羽山中に来た。そこで一人の沙門に会い、無益な殺生を戒められ、観音菩薩に帰依することを勧められた。この僧侶が清水寺の開基、延鎮（賢心　?〜821）である。延鎮上人は大和国高市郡の人で、夢で北方の山背の音羽山の山中に金色の冷水の流れを見て、この地を訪ね、滝の傍らで白衣の居士に出会って観音の功徳を説かれ、この地に観音信仰の道場を作ろうと決意したという。この延鎮は生まれた地からして「今来の人」の後裔であると思われる。音羽山中で、同郷同族の沙門と出合った田村麻呂がその沙門に感得し、相協力して一寺の開創に努めたとすれば、開山堂に田村麻呂が祀られていることも十分納得のゆく話である。

武人としての坂上田村麻呂の詳しい行動は史料が失われていてよくわからない。わずかにあるものも征服者としての一方的な記述であるから、あまり信用できない。「蝦夷《えみし》」と呼ばれた人びとは、狩猟、漁労の民、あるいは半農半猟の人であり、定住生活に馴染まない人びとであった。畿内の中央政権はその人びとを「化外《けがい》の民」として差別しつつ、むりやり律令支配の枠形の中に治め込もうとした。時には懐柔し、時には殲滅《せんめつ》作戦で脅したが、彼らの勇敢なゲリラ戦法は「王師百万」を呼号する政府軍を悩まし続けた。791（延暦十）年、田村麻呂は征東副使に任ぜられて出発したが、はかばかしい戦果はなかった。次に796（延暦十五）年、田村麻呂は征夷大将軍に任ぜられた。東北経略の最高責任者である。彼の率いた大軍はようやく胆沢《いざわ》（現在の水沢市周辺）を抜き、閉伊《へい》地方に達した。さらに802（延暦二十一）年には激戦の地であった胆沢に築城して東北経営の拠点とした。この時「蝦夷」側の首長、阿弖流為《あてるい》らは配下の人びとともに田村麻呂に投降、田村麻呂は彼らを受け入れて、ともに京都へ帰ってくる。しかし田村麻呂の再三の助命の願いにもかかわらず、指導者格の二人は河内国で斬殺された。清水寺境内にはこの二人を顕彰する「北天の雄」の碑が建てられている。

このようにみてくると、桓武天皇の政権をとり巻く人びと、すなわち平安京を造った人びとは、朝鮮半島からの渡来系の有力氏族とかかわりのある人が中枢を占めていることがよくわかる。また渡来系氏族の財力や人材を最大限に生かして造り上げたのが長岡京や平安京である、といえるだろう。また桓武政権は彼らの協力がなければ成り立たなかった、ともいえる。それればかりでなく、さらにその周辺にも渡来系の人びとが活躍している。

たとえば、宗教人の例を挙げてみよう。この時代、朝鮮半島からの渡来人の後裔たちが多数仏門に入り、傑出した仏僧として日本の宗教界、思想界に貢献した。次章とかかわってくるが、百済の漢氏《あや》系の伝教大師最澄のことはいうまでもないが、最澄の若い頃の師、行表《ぎょうひょう》（７２４〜９７）、弘法大師空海が大きな感化を受けたとされる勤操《ごんぞう》（７５７〜８２８）がそうである。さらに近年の所説によれば、空海の母方の阿刀《あと》氏は百済系渡来人、父方の佐伯氏も新羅系渡来人という有力な見方が登場している。また、慈覚大師円仁もその出自の壬生《みぶ》氏の祖、毛野君《けぬのきみ》（上・下毛野氏、上野《こうずけ》・下野国《しもつけ》の豪族）はもと田邊史氏であり、その田邊史氏は百済渡来の氏族である、という。円仁渡唐帰路の苦難を救ったのは新羅人であったから、そこで同族的意識を温め合い、円仁への温かい援助が生まれたのではないかという説もある。（権又根《クォンウグン》『古代日本文化と朝鮮渡来人』）

その他、史上に名を止め得なかった有名、無名の渡来系の僧たちにいたっては、いちいちかぞえ上げることはできないくらいだったと想像できる。そしてそれらの人びとの知識人としての役割は日本文化史の上で、大きな地下水脈となっていたであろうことも想像に難くない。

ただ、それらの人びとの祖が日本列島に渡来してから数世代以上を重ねた平安時代の初期という時間的位相を考えると、果たして彼らが渡来人としての自己意識をどれほど持ち得ていたかはわからない。おそらく氏族ごとの伝承の差、個人差もあるだろう。渡来系集団としての共通の意識も、秦氏や漢氏、吉士《きし》氏、和氏、田邊史《たなべのふひと》氏のように、『新撰姓氏録』において「諸蕃」と自称したグループと、そうでない氏族との間に、何ほどかの差異もあっただろうと思われる。

いずれにしても、律令社会の弛緩の過程でしだいに有力となってきた藤原氏四家や賜姓皇族の後裔とは異なる立場に立たされた渡来系の多くの人びとが、その才能を生かす道として僧侶となり、宗教界で自己を生かそうとしたとしても不思議ではない。ただし、最も新しい渡来の波である七世紀後半の白村江《はくすきのえ》敗戦以降の渡来人集団の場合をとっても、近代国家の成立とそれを巡る国際関係の中で育まれた民族意識と同一の思い、いい換えれば「在日」意識を持っていたとは思えない。また言語、風俗などについて、近代と同じく明瞭な民族性を保ち得ていたかどうかについてもよくわからない。ただいえることは、日本古代の政治、軍事、殖産、文化のあらゆる面で、こうした海外渡来の人とその子孫の人びとが在来の人びとと融合し、幾層にも重なって日本の歴史を作り上げてきたことを忘れてはならない、ということである。

長安の都と平安京

さて、ようやくの思いでほぼでき上がった平安京は、中国・長安を模した都であるといわれている。ではどういうところを長安から取り入れ、またどこが異なるのであろうか。

日本で都城が造られたのは藤原、平城、長岡、そして陪都としての難波《なにわ》などである。紫香楽《しがらき》、恭仁《くに》などは着工間もなく放棄され、都城といえるほどの規模ではなかっただろう。平安京の面積は長安の三分の一くらいといわれている。人口も盛唐期百万を超すといわれた長安に対し、平安京はせいぜいどう見積っても七万から八万くらいだったろう。そもそも平安京は桓武天皇の晩年に至って、たび重なる東北出兵と都城建設で国家財政は破綻《はたん》寸前であったし、人民の疲弊《ひへい》はさらに激しく、完全にでき上がる前に建設中止の勅が出た。だから東西、南北約五キロ前後の正方形の街路区画のすべてにぎっしりと官衙《かんが》、邸宅、庶民の住宅が埋まっていたと考えるのは誤りである。政府の諸機関のある大内裏とその周辺の諸官庁、政府が収納するための蔵庫、官が経営する諸司厨などの他、貴族や官人たちの邸宅がそこかしこにあり、さらにその周りに粗末な土の壁と草木でできている庶民の住居が散らばっている、といった風景であったろう。また、長安に倣って七条には鴻臚館《こうろかん》、九条に東・西二寺が朱雀大路を挟んで建てられた。東・西の市も都城南部に日を決めて開かれた。街区は大路によって左・右両京とも整然と区切られ、いくつかの街区をまとめて「坊」と呼ばれる区域に分けられていた。それらの唐名の坊の名は、つい近年まで、小学校などの旧学区の名として残っていた。銅陀《どうだ》、教業、永昌(松)、淳風、光徳、崇仁、陶化などが、それである。

長安の場合、都城の四方は羅城と呼ばれる堅固な城壁で囲まれ、城外と城内をはっきりと分けていた。周辺の異民族の侵攻に対する防壁である。平安京の場合、城壁すなわち羅城はなかった。行動と生活の様式がまったく異なる遊牧民族が列島に存在しなかったからである。文献上では、わずかに南面に低い羅城様の土垣が造られていたようである。また長安に見られる坊ごとの坊門も、中央大通りである朱雀大路に面した所のみにしか造られなかった。長安やその他の中国の都城の様子は、歴代の遣唐使の報告や留学僧の帰国報告によって、日本の要路者に伝わっていたのだろう。また、中国・朝鮮半島からの僧侶などの渡来知識人からは、都城に盛られている思想を体系的に聞き出したことであろう。同時に広い土地に条坊割りを実施し、方位を確かめ、巨大な建造物を建設する技術も、それらの人びとから学んだにちがいない。

そのような外来の思想と技術を大いに吸収し、あまり広くない山河襟帯の山背《やましろ》盆地の条件に合わせて造り上げたものが、日本で最大の計画都市となったわが平安京であった。だからこそ、平安京は単なる模倣でもなければ、独創でもない。その二つの要素を渾然として取り入れてでき上がった都城であった。

この平安京の建造物で最も異彩を放っていたものは、朱雀大路九条にあった羅城門であろう。『今昔物語』に登場し、近代の小説や映画の題材となってつとに有名なこの門は、平安京の正面玄関口として、都のシンボルとして造られた。そしてその楼上には異風な兜跋毘沙門天《とばつびしゃもんてん》が祀られた。この神は西域風ともいい、インド伝来ともいわれるが、その像材、服制などから中国で作られたものらしく、あるいは空海請来の尊像とも想像される。この像は王城鎮護の象徴として羅城門上に安置されたものだろう。今、像は東寺に属しているが、羅城門のほうは早くも８１６（弘仁七）年秋の嵐で倒壊してしまった。その後、羅城門は一時期再建されたが再び失われ、今日に至っている。

近年、ＪＲ京都駅烏丸口には羅城門の縮小模型が作られて展示されているので、多少ともその雰囲気を感じとることができる。

3 王城鎮護の新思想――天台と真言〈平安時代前期〉

天台・比叡山の二つの顔

比叡山は京都の東北に聳《そび》えている。だから比叡山は京都の山だ、と京都の人は思っている。京都に生まれ育った人なら誰でも一度ならず比叡山に登った経験はあるだろう。もっとも、戦後生まれの人びとは有料道路を車で利用しての観光ということになるかもしれない。けれども実のところ、比叡山は京都の山、という一面を持ちながら、もう一面は滋賀県、近江の山である。確かに最高峰大比叡はちょうど山城と近江の国境《くにざかい》にある。けれども延暦寺の主たる境域は近江側にあって、山城側には少ない。そのため、京都府の文化財の目録を見ると、建造物においても、美術工芸品においても、延暦寺関係のものはきわめて少ない。主として西麓の三千院や来迎院に伝教大師最澄《さいちょう》や慈覚大師円仁にかかわるものが少々あるだけだ。

二つの国境《くにざかい》にまたがる地理的特徴は、同時に比叡山が歴史において見せてきた二つの相貌《かお》を表わしている。また比叡山延暦寺を開いた伝教大師最澄の事蹟の二つの相《あい》矛盾する側面をも表わしている。「淡海の海は海ならず、天台薬師の池ぞかし」と『梁塵秘抄《りょうじんひしょう》』に詠われた信仰と教学の山、比叡山の、宗教活動の拠点としての側面は、まぎれもなく近江側にある。たびたびの兵火にもかかわらず護り続けられてきた伽藍、寺宝の類《たぐい》は一部を除いて、ことごとく主たる境内のある近江側にある。長年法灯を守り続けてきた老僧たちの、人生の最後の休息地は、近江国坂本の、穴太《あのう》積み石垣に囲まれた里坊《さとぼう》の中にある。

けれども比叡山延暦寺は権力との関係において、絶えず京都とかかわり続けてきた。延暦寺が東大寺と並ぶ国立戒壇の地位を得ることができたのも、延暦という当代の年号を冠した寺号を与えられたのも、京都の中央権力との結びつきに成功したればこそであった。また何かといえば山門の衆徒が日吉《ひえ》の神輿《みこし》を担ぎ出して京都の町に現われ、強訴《ごうそ》をかけたのも、そこに要求を突きつけるべき権力があるからこそであった。

権力に近づき、それを利用する者は必ず権力によって報復される。これは政治の世界の冷厳な鉄則である。比叡山もまた、その例外ではなかった。たとえば、織田信長の焼き打ちによって全山が焦土地獄と化し、目を覆うばかりの殺戮《さつりく》が三塔十六谷に繰りひろげられたのも、ありていにいえば比叡山が浅井・朝倉方と近づき政治の世界に深くコミットしたからであった。この比叡山の信仰・教学と政治への接近という二面性は、宗教家最澄（767〜822）の生涯とその軌跡にもよく現われている。

比叡山を琵琶湖側から見ると、山相は京都側から眺める場合と違い複雑で、いくつもの頂《いただき》が折り重なって見える。その中で最も平地部に突き出た、三角形の秀麗な山容を持つ小さな頂がある。それは八王子山（牛尾山ともいう）と呼ばれる。標高は三百七十八メートルにすぎないが、実はこの山が比叡山の信仰の原点である。

この山の頂上には巨大な磐座《いわくら》があり、その岩のすぐ前に、急峻な崖にかかるようにして建てられた二棟の社殿（八王子宮・三宮神社）がある。社殿はこの神奈備山《かんなびやま》の磐座に降臨する神を祀る社である。この二社を奥宮とし、山麓に東・西両本宮、樹下《このもと》宮を持つ日吉《ひえ》大社は、もともと大山咋神《おおやまくいのかみ》（別名山末《やますえ》之大主神《のおおぬしのかみ》。大山咋神は『古事記』ではスサノオノミコトの孫とする）を祭神としていた。また山上の三宮神社と麓の樹下宮は鴨玉依姫《かもたまよりひめ》神を祭神としているから、ここにも京都の下鴨、松尾の両社と何らかのかかわりを見出すこともできる。奈良時代に成立した漢詩集『懐風藻』にこの山は、「ああ穆《うるわ》しき我が先考、独り悟りて芳縁を闢《ひら》く。宝殿空に臨《のぞ》みて構《かま》へ、梵鐘風に入りて伝ふ」と詠われているから、最澄以前にこの地はすでに人びとの信仰の一中心地となっていたのである。

最澄はこの日吉《ひえ》社の東麓で生まれた。父は三津首百枝《みつのおびとももえ》、百済系の漢《あや》氏に連なる渡来氏族である。最澄の父は地元の坂本の下級官吏であったが、同時に私宅を寺として仏道の広布に努めていた仏教信者でもあった。そのため最澄は幼年時代から宗教教育を受け、信仰の道に入るとともに教養を積み、その才能を磨く環境に比較的恵まれていた、というべきであろう。十二歳で出家入寺、十五歳の時近江国分寺で得度、二十歳で東大寺戒壇で受戒という歩みは、この時代の僧侶の選んだコースとしてはごく普通であった。

だが二十歳で受戒の時、最澄はのちの彼の生涯にかかわる重大な回心をする。彼は南都に出て官度僧として陽のあたる道を歩むというコースを棄てる。そして日吉社の奥、俗塵寂《しず》み、谷静かな大宮川を遡《さかのぼ》ること二時間足らず、大比叡の尾根近くに分け入って、草庵を結んだ。夏なお寒く、年中湿度の高い山中である。その地は今、根本中堂が建っている所、とされている。入山の動機は「願文」によると、栄枯盛衰常ならぬ世間に仏法消滅の末法の世を見たこと、それに菩薩行を志《こころざ》す己《おのれ》自身を「愚中の極愚、狂中の極狂、塵禿《じんとく》の有情、底下の最澄」と規定し、内省的に自己を振り返る必要を痛感したからである。このあと十二年の籠山修行は最澄の人間性を一まわりも二まわりも大きく、深くしたことであろう。そして信仰の典拠は、唐僧鑑真《がんじん》（688〜763）和上が中国から将来してきた天台の教典、わけても釈迦最後の説法である法華経でなくてはならない、と確信するようになった。

788（延暦七）年、一乗止観院を創建。この頃から最澄の名はようやく都に知られ、794（延暦十三）年に桓武天皇の比叡山行幸がある。ここから最澄と京都、いいかえれば政治との付き合いが始まる。

桓武天皇は最澄を傍近くで護持する内供奉禅師《うちのぐぶぜんじ》に任じ、近江国の税を与える。802（延暦二十一）年、桓武天皇側近・和気氏の高雄山寺で、十大徳と呼ばれる南都仏教各派の大立物を招いて講筵を張った。今でいうシンポジウムである。そこで最澄は天台法華の教法を武器に理論闘争を挑み、経典の解釈論争に明け暮れていた法相、三論などとの宗派論争に対して勝利を収めた。

このようにして宮廷の一角に有利な地位を占めた最澄は、天台教学の奥義を究めるために直接渡海して天台山に登り、教えの疑義を正し、新たな経典を得たいと考えた。彼は弟子の中国差遣を天皇に対して奏請したが、桓武天皇からは弟子二人の留学を認めるとともに、最澄自身が請益還学生《しょうやくげんがくしょう》として短期留学をするように、という意向が伝えられた。

この頃桓武天皇は、長岡京から平安京への再度の遷都、ようやく鎮定の目鼻のついた東北情勢、そして迫りくる老いのただ中で、自分のやれる最後の事業として、久びさの遣唐使の派遣にとりかかっていた。彼は大きな国家的出費を要する遣唐使派遣を、内外の出費多端、庶政疲弊の中でなぜ計画したのか。おそらくはようやく造営成った新京、つまり桓武新王朝にとって、平城京が東大寺などの国家仏教によって護持されてきたように、新しい思想によって平安新京が鎮められ、その王統が安定することを請い願ったのであろう。そうだとすれば、今、南都六宗とのイデオロギー論争に打ち勝ち、新しい宗教的理想を目指そうとしている最澄こそ、桓武天皇の求める王城の守護にふさわしい思想的リーダーとして最も適している。翌年、藤原葛野麻呂を大使とする第十八次遣唐使船に乗船した最澄は、渡海するや、ただちに天台山に登り、国清寺などを巡歴し、天台付法と菩薩戒の伝授を受け、計画どおり天台関係の経典の書写と数々の経典を求め、それらを船載しておよそ一年後に帰国入京した。

同時に入唐した空海、そして真言密教とのかかわりは、ここではひとまず措く。最澄の天台宗は806（延暦二十五）年、官許の僧侶身分である年分度者《ねんぶんどしゃ》二人が認められ、初めて独立した宗派として公認された。またそれまで南都で行なわれてきた小乗戒を破棄し、新たに比叡山寺に大乗戒壇を独立して設置すること、菩薩僧育成のために「学生式《がくしょうしき》」を朝廷に上奏してその意義を訴えた。これらは桓武天皇の死（806年）とその後継問題の混乱のためもあって、ついに最澄の生前には実現せず、最澄は前半生の苦闘と華ばなしい都への登場にもかかわらず、失意の晩年を迎えねばならなかった。

この一連の最澄の天皇、あるいは国家権力への接近を、ただちに彼の権力志向とみなすことは正しくない。生涯一度も人の悪口をいわず、人を打ったこともないという温厚な人柄、十二年の籠山生活によってますます培《つちか》われたにちがいない自己への厳しい省察、学問に対する謙虚な態度、仏への一途な帰依の心は、政治を利用して大天台教団を作り上げる野心を持つことを自ら戒めていたにちがいない。それよりも法華一乗の教説教法こそ真理であり、それをあまねく衆生のためにひろめること、そのために天皇を初めとする京都の貴顕の理解を求め、国家の援助を引き出そうと考えた、ととるべきだろう。

死に臨んで「自分のために写経、造像をするなかれ」という遺言を残した最澄のことである。教団形成という考えすらなかったかもしれない。また有名な「径寸（宝珠）十枚、これ国宝に非ず。千里を照す者、一隅を守る者、これ則ち国宝なり」（『天台法華宗年分学生式一首』〈六条式〉）という最澄の菩薩僧育成の理念をみても、後世の大教団形成のために国家に援助を求めたのではないだろう。

けれども、国家の制度として天台宗を公認させ、財政的援助を受け、国立大乗戒壇を比叡山に設置するという構想を実現させたことは、やがて比叡山延暦寺が国家、権力と分ちがたく結びつき、山王一実神道として比叡山に組み込まれた日吉《ひえ》大社を含めて、一山の堕落と腐敗を背負い込むことに繋がっていった。いったん関係ができると、政治のほうはお構いなく仏の世界に入り込んでくる。天台座主《ざす》はやがて天皇家の一族が代々その座を継ぐことが慣例となり、これは明治維新まで続く。また座主の養成、補充のために三千院、青蓮《しょうれん》院、妙法院、曼殊《まんしゅ》院、輪王《りんのう》寺などの門跡寺院を造り、貴族志向を一段と強める。また一山組織の内に上級公卿出身の僧からなる院家を置き、全国各地の荘園、領地を経営し、その収入によって延暦寺は巨大な富を蓄積した。近世期には徳川幕府に寺領の確保を求め、五千石を得た。小大名に近い待遇である。

最澄自身は比叡山の行末にこのようなコースが待ち受けていることを思い及びもしなかっただろ

う。だが彼が権力とのかかわりにおいて成し遂げようとしたこと自体、すでに大きな矛盾を孕《はら》んでいた。求道者最澄はまぎれもなく同時に桓武王朝の権僧であったからだ。

とはいえ、最澄が中国から請来してきた膨大な教典は、それから数百年の間、日本思想界にとって汲めども尽きぬ宝庫であった。最澄渡唐の時、十分ではなかった密教関係の法典は、慈覚大師円仁（794〜864）を初め、智証大師円珍（814〜91）らの渡唐によって補われ、比叡山は法華顕教である止観業と密教たる遮那業の二相を兼ね備えた綜合宗教大学へと発展していった。最澄が無垢《むく》な宗教心から発願し、桓武天皇が王城鎮護の思想として求めたものが、ようやく比叡山上において実を結んだのである。のち、日本の宗教改革の先駆けとなった栄西《ようさい》、道元《どうげん》、法然《ほうねん》、親鸞《しんらん》らがいずれも比叡山に登り、伝教大師最澄の行を学ぶことから研鑽の道を歩み出したことも、最澄の残した大きな遺徳であった。

ともあれ比叡山は東麓の八王子山の神体山への信仰からスタートして、天台教学という外来の教学体系を迎え、仏灯の一大殿堂となった。同時に西側の京都と結んで、京都の鬼門を守る山――いみじくも京都側の山は中国道教の鬼門の神に因んで、四明ケ岳《しめいがだけ》と名づけられた――として、京都の貴賤にも親しまれる山となった。それが京都の人が毎日仰ぎ見る「歴史の比叡」である。

真言密教の異国ぶり

弘法大師空海（774〜835）の名は日本人に最も親しみ深い名の一つである。宗教家という、ややとりつきにくい職業にもかかわらず、彼の名は老若男女に知れわたっている。

いうまでもなくその理由の大半は、彼の死後さまざまに伝わり、作られた伝承説話に基づく。だがそれらの弘法大師伝承の大多数は何らの根拠があるものは少なく、時には荒唐無稽《こうとうむけい》な物語となって流布している。そのような説話が創作された背景は、空海の華ばなしい生前の活動が広い地域、広い範囲にわたっていること、驚くほどの多芸多才ぶりであったこと、多分に積極的で寛濶な人柄であったこと、それに空海の生涯には長い期間の謎の時期があること、などによるものであろう。しかしそれらの説話によって（弘法）大師信仰は、中世の「高野聖《こうやひじり》」の説法巡回もあって、庶民の間にひろまった。空海が高野山の奥の院で生きたまま入定《にゅうじょう》し、今も民衆救済のために祈っている、という大師入定信仰は、四国八十八カ所遍路巡礼となって後世に残った。これほどの、いわば大衆性を持った空海ではあるが、彼のもたらした仏教思想そのものは、実はまことに異国的なものであった。その教理はかなり難解な内容を含んでいる。それに加えて空海の著述そのものが、今日では相当難解であって、その説くところは容易につかめない。

空海の伝えた真言密教は、七世紀後半、仏教発祥の地インドで興った新しい仏教の体系であった。「大日経」と「金剛頂経」を根本教典とするこの教えは、綜合的な体系を持っている。大日如来または毘盧舎那仏《びるしゃなぶつ》が宇宙のあらゆる存在、あらゆる性質、あらゆる思考の根源である。釈迦の存在もまた絶対者、毘盧舎那仏の現われの一形態である。人間は無常無我であるという認識と、自己も一切の生きとし生けるものもこの絶対者によって生かされている、とする立場に立って修行を重ね、最後には毘盧舎那仏――仏の心と人とが本質的に一体であることを体験を通して悟ること、これが「秘密荘厳」の境地である、とする。その境地に至る実践が一身を用いて坐禅黙想し、印を結び、口に真言を唱え、精神（意）を悟りの境地に置く、とする三密の行法である。

ここには禅も戒律も含まれる。浄土の世界もある。このような思想体系を持った思想は仏教発生以来のあらゆる信仰形態を再統合する壮大な総合的思考であった。さらにこの大日如来の世界を図式化して金剛《こんごう》・胎蔵《たいぞう》両界の曼荼羅《まんだら》を説き、またさまざまの法具を用いて真言秘密の儀式を仏に捧げる。それによって衆生一済の迷妄《めいもう》、災厄を取り去ることができる、とする。

この新しい思考体系は、インド僧の善無畏《ぜんむい》、金剛智《こんごうち》、不空《ふくう》らによってインドから中国へ伝えられた。善無畏が天山北路を経て中国へ入ったのは716年、盛唐の玄宗皇帝の頃であるから、この思想は中国にとっても最新の思想であった。

この最新の思想のまとまった体系をまるごと日本へ持ち帰り、根付かせたのが空海である。もっとも「大日経」そのものは空海の若年の時、すでに日本に伝えられており、空海もその経典を入唐までの時期に、すでに学んでいたらしい。空海はまことに天才的な肌合いの持ち主であった。けれどもその資質は彼のひたむきな精進と超人的な苦行による身体と精神の訓練によって鍛えられ、練られた。わけても数年に及んだ四国山林修行は若き空海を一廻りも二廻りも大きくした。空海の若い頃の師は母方の叔父、阿刀大足《あとのおおたり》である。優れた儒者であったこの叔父から、空海は儒学の基本的知識も学び尽し、都（平城京とも長岡京ともいわれる）の大学に出て、勤操《ごんそう》または戒明《かいみょう》から仏道修行のヒントを得る。

のち、渡海した時、空海の乗船していた船は難破し、福州近辺に漂着した。その時遣唐大使の書いた福州の役人宛の書状はあまりにも拙劣であったためか、あるいは土地の人が主旨を理解できなかったためか、都長安への取り次ぎを断られる。ところが代筆を頼まれた空海の文を見るや、役人は初めて一行の目的を正確に知り、それまでの冷遇を改めて、長安へ取り次いだという。一説に、言葉が通じないので空海はこの時筆談に及んだともいうが、空海の学んだ大学には音韻学の講座があり、おそらく中国渡来僧かその後裔が指導にあたっていて、才智あふれた若き空海は唐音を熱心に学んでいたかもしれない。

彼は８０４（延暦二十三）年に長期留学の資格のある留学生《るがくしょう》として遣唐使船に乗船する。この留学手続きの経過は、史料を欠くためいっさいわからない。「大日経」の奥義を究めるために、長安を訪ねるべく、父方の有力氏族佐伯氏などを通じて、周到な工作をしたものであろう。桓武朝廷側では、その頃めきめきと頭角を現わしていた最澄に期待することはあっても、まだ無名の空海に初めからそれほど多くを期待していなかったかもしれない。だが、帰国後、両者の立場はまったく逆転する。

それにつけても、長安で真言密教の正系を伝える青龍寺の恵果との出会いほど空海にとって運命的なものはなかっただろう。

われ先きより、汝の来れるを知り、相待つこと久し。今日、相まみゆるは、大いに好し大いに好し。報命つきなんとするに、付法する人なし、必ずすべからく速かに香花を弁じ、灌頂壇に入るべし。

（『請来目録』）

多くの中国人の弟子がいながら、新来の空海をひと目見た時から、すでに高齢に達していた恵果は並外れた才智を持つこの異国の人物こそわが大法を伝授するに足る者、と直感的に悟ったのである。

そうと決まればまさに善は急ぐ、である。恵果の目に狂いはなく、首尾よく伝法灌頂の儀式を終えた空海は、写経、写生させたものも含め、インド伝来のものも含む仏舎利、仏像、経巻、曼荼羅《まんだら》、法具の数々を恵果から付託された。この時恵果から授かったもののうち、「健陀穀子袈裟《けんだこくしけさ》一領」は国宝として今も東寺に所蔵されている。病篤かった恵果は間もなく入滅、空海はこの新来の大法を一刻も早く故国に伝えるべく、二十年を予定していた留学を早々に切り上げて、806（大同元）年、二年半ぶりに日本へ帰ってきた。

帰国後の空海が京都でまずその名を高めたのは、伝授されてきた密教の体系によってではなく、書家としてであった。

809（大同四）年即位した嵯峨天皇は、さっそく空海に屏風帖の書を書かせている。空海は請来してきた漢詩文集、碑文、梵字書、狸毛製の筆など舶来の書籍、文房多数を嵯峨天皇に献上した。こうして、好学の権力者との文人同士の交友という新しい絶好の関係を築き始めた空海は、真言密教の国教化へ向けてのトップ工作に成功しつつあった、といってもよいだろう。同時に、空海の手によりおびただしい量の海外の文化財が京都へ持ち込まれたのである。

空海と最澄の交友の始まりと三年後のその破綻《はたん》は、結果的に空海の仏法者としての名声をますます高めることになった。最澄の請来してきたものは天台山の経典が大部分であった。密教関係の経典はごくわずかで、それも体系的なものではなく、一般に「雑密《ぞうみつ》」と呼ばれる類《たぐい》のものであった。しかも皮肉なことに、最澄帰朝の頃には朝廷でも密教に対する期待はいっそう高まり、最澄の庇護者であった桓武天皇自身が密教に対しても強い関心を寄せるようになっていた。その子息である嵯峨天皇もそうであった。延暦の遣唐使船に乗り込んだ時まだ無名といってよかった空海が、恵果との出合いに成功し、真言第八祖として帰国してきた時、二人の関係は悲劇的にも完全に逆の立場に置かれてしまったのである。

だが、最澄はあくまで真正直な人であった。彼は天台開創の指導者としての自己の立場を棄て、多数の門弟とともに七歳年下の空海に師事し、高雄山寺で灌頂を空海より受けた。これはひたむきで純粋な宗教心を持ち合わせていた最澄だからこそできたことであろう。二人の乙訓寺での初の出会い、『風信帖』に見られる真摯《しんし》な友情のエールの交換は、二人の間に当初は何のわだかまりもなかったことを物語っている。

しかし最澄は仏法の伝承は経巻に述べられた内容の「筆授の相承」によるという自説を曲げなかった。空海から借覧した密教教典は弟子たちにことごとく書写させた。これが密教の身・口・意三密の「即身成仏」こそ最高の修法とする空海の立場と相容《あいい》れないことは目に見えていた。最澄最愛の弟子泰範の離反が二人の交友にとどめを刺した。このように最澄と空海の交友と断絶は、二人の性格の違いというよりも、顕密二乗の立場をとる最澄と、真言密教の正法を完全に伝承し、それをひろめることを使命とする空海の立場という思想的ずれの違いに基づくものであった。京都の町を挟んで東の比叡山と高雄山寺を麓に持つ西の愛宕山とは、二人の人間関係、思想的差異によっても、きわ立って対照的な位置に置かれることになった。

さて、いうまでもなく、高野山金剛峰寺《こうやさんこんごうぶじ》は真言密教の修禅の地として開かれ、空海が即身成仏の最後の境地、すなわち入定《にゅうじょう》の地として選んだ山上幽邃《ゆうすい》の地に建てられた。しかし高野山がいかに広大であっても、そこはあくまで私寺にすぎない。真言密教を嵯峨天皇治下の王城で国家鎮護の折りとするには官寺が必要である。しかもその場所は平安城下、つまり京域の中でなくてはならない。そこで空海は823（弘仁十四）年、西寺と並ぶ官寺であった東寺を給与されることを願い、それは叶《かな》えられた。嵯峨天皇としても、平安京の一つの象徴である東寺の経営は、空海ほどの人物でなくては任せられない、という見込みがあったのであろう。時には東・西両寺は外国の使臣を迎接する場所としても用いられていたらしい。中国の漢詩文に通じ、語学の才にも恵まれていた空海は、外国使臣の応接にも時により加わっていたのではないか。それが東寺を空海に預けることに繋がった、と想像することは楽しい。現に弘仁年間（810〜24）に渤海国使の来日があり、空海は一行の青丘上人に詩を贈っている。ただし、対面したという証拠はない。

空海はこの東寺を真言秘密の道場とし、他宗派僧侶の雑住を固く禁じ、唐から請来したもののうち、献上品や高野山に置いたものの他、大部分を東寺に移した。ここに恵果から受け継いだ密教の大道場が平安京において完成したのである。東寺の名はそれ以降、正しくは「教王護国寺」と呼ばれるようになった。空海はこの教王護国寺の講堂に大日如来像を中央に据えた密教の世界を立体的に現わそうとした。別名羯磨曼荼羅《かつままんだら》である。須弥壇《しゅみだん》中央に金剛界五仏、右に金剛波羅蜜中心の五菩薩、左に不動明王中心の五大明王、それに四囲を護る四天王を配し、さらに東の中間に梵天、西の中間に帝釈天《たいしゃくてん》を置く。堂々たる密教世界立像の開陳であり、言葉をかえていえば「立体曼荼羅」である。現在は後補の仏像を含めて食堂《じきどう》に置かれている。その規模の壮大さ、図像では味わうことのできない迫真性、一つ一つの像の巧みな彫刻に圧倒されない人はいないだろう。インドで生み出された最新の、最も総合的な新仏教の体系が、中国を経て二百年後に、はるばる日本の京都でその壮大な花《はな》を開いた。

その伝播の完全性と時間的速さは、その頃の交通通信事情を考えると、尋常ではないだろう。やはり日本人離れのした天才空海の器量に負うところが大きかった、といわねばならない。それとともに、この時代、京都の地が中国を中心とする東アジア世界はもとより、はるかヒマラヤの峻険な山嶺を越えて、インド世界と同じ思想を共有し得ていたことの国際性にも、もっと思いを馳せるべきだろう。

三国伝来の釈迦瑞像

最澄、空海の長岡・平安両京における華ばなしい活躍と、天台・真言の教学殿堂の確立は、平安時代の日本宗教界の二大潮流を形作った。その後、入唐する僧はほとんど最澄の活脈につらなる天台系によって占められ、大陸から伝えられてくる文化の窓口は、比叡山によって独占されるような状況が生まれた。特に822（弘仁十三）年、延暦寺に大乗戒壇が認められると、官寺の僧を目指す人びとは争って比叡山に登るようになる。

けれども平安時代に、非天台系の僧侶によって、もう一つの素晴らしい文化遺産が大陸から京都にもたらされたことを忘れてはならない。

それは洛西嵯峨清凉寺の、三国伝来と伝えられる釈迦如来立像である。この像はまことに瑞像と呼ぶにふさわしく、美しい。優しい慈悲の心と、何ものにも屈しない知性への信頼を併せ持つかのような秀麗な目鼻立ち、今にも何かを語りかけるようなその口許《もと》。それは仏の教えを伝えるための生身の釈迦が目の前に立っているかのように感じられる。それに「清凉寺式」と呼ばれる名の基になった、水が流れるような衣紋とその襞《ひだ》の美しさはどうであろう。両肩から足元までを一枚の布がふわりと体を覆っていて、いっさいの虚飾がない。この自然な衣服のまとい方こそ、人間と衣服の関係の原点であるように思える。まさに清凉寺のお釈迦さんはベスト・ドレッサーというにふさわしい。

この尊像をはるばる中国から請来したのは奝然《ちょうねん》（938〜1016）その人である。早くから南都東大寺へ入って二十一歳で受戒した。俗姓は秦氏である。広隆寺中興の祖とされる道都（798〜875）も秦氏であったから、平安京造都にあずかって大いに力のあった秦氏から仏門に入って研鑽を積む人も少なくなかったにちがいない。当時の東大寺は、平城京を失い、新興の天台・真言の巨大かつ鮮烈な教線の影に隠れて、その衰退ぶりは目を覆うものがあった。奝然はそのような南都旧仏教界の現実を見るにつけ、仏法興隆のためには新たな信仰の拠《よ》り所が必要である、それを得るためには、自らが渡海入宋して法を求めるしか方法がないと思いつめたのはごく自然の成り行きであったろう。そこで奝然は六十歳に達していた母の逆修法要（生存者のための法要）を営み、周囲の反対の声を押し切って、いわば捨て身の覚悟で聖蹟巡拝の旅に出発する。

旅衣たちゆく浪路遠ければいさ白雲の程もしられず
（『新古今和歌集』巻十）

あまり上手な歌ではないが、渡航を前にし、すでに壮年に達していた奝然の真情がよく出ている。983（永観元）年のことである。大陸に渡った奝然は開元寺、天台山を初め各地の聖蹟を訪ね、北宋の都、汴京《べんけい》に到着して太宗皇帝に謁見を許された。『宋史日本伝』によれば、この時奝然は東大寺にあった「孝経新義」や「孝経」など、もと中国から伝来していた経典を携えていき、皇帝に献上した。経典の逆輸出である。日本の仏教界の思想レベル、修学の体制もこの時代にはほぼ中国のそれと対等に達していたといえるだろう。

汴京の啓聖禅院で奝然は初めて心の底から仏徳に打たれたといえる機会を得た。それは天竺伝来の瑞像を目にすることができたからである。その像は赤栴檀《せんだん》の香木で作られたインド伝来の釈迦像であった。この像は釈迦が留守になる時、人びとの要望で名工に身替りとして造らせ、その姿が生身の釈迦と寸分違わぬことを見て、自分の死後はこの像が衆生を救うであろう、と述べたという伝承を持っている。そこから「三国伝来」という名が起こったのだが、その伝承はともかく、この像は奝然をしてこれこそ日本に新たな仏法弘通《ぐつう》をもたらす尊像である、と感動させ、確信させた。そこで奝然は皇帝の許可を得て、中国人彫工の協力で模刻を造った。作業がわずか二十八日間で完成したというのは怪しいが、とにかく中国人彫工たちの腕前は見事であった。おそらく奝然が訪れる前に何らかの目的で模刻の作業が進んでいて、奝然はその仕上げに加わって修法、読経したものであろう。それからさまざまな苦難の旅を経て、この尊像は京都へ持ち帰られた。当初紫野十二坊の上品蓮台寺《じょうぼんれんだいじ》に安置されたこの尊像は、たちまち朝野の崇敬を受けた。

奝然は若い頃から一つの壮大な夢を描いていた。それは京都の東北の名峰比叡山に対して、西北に聳える愛宕山に一大寺を開いてそこを自らの布教の拠点にしよう、という計画であった。そこには空海の高雄山寺（神護国祚真言寺）もある。汴京で皇帝に謁したあと、奝然は五台山を訪れ、二カ月近くを過している。この聖地、五台山を山号とし、大清涼寺を愛宕の地に造営しよう、そこにわが釈迦尊像を本尊とし、比叡山延暦寺に匹敵する戒壇を開こう、という企てが具体化した。当然それは比叡山や各方面からの猛烈な反対運動にぶつかった。そして奝然の新寺造営計画をこれ以上進めさせないためであろう、９８９（永延三）年、奝然自身が東大寺別当に任ぜられてしまった。そして彼の生存中、ついに大清涼寺は建てられることなく、失意のうちに奝然は示寂した。奝然没後しばらくして、ともに渡海した弟子盛算によって、今の清涼寺は開かれた。はるばる海を渡ってきた尊像は、ようやく落ち着き場所を得たのである。けれどもその寺は、奝然の計画したような国家の後盾《うしろだて》を得た大伽藍ではなかった。それだけにかえってこの尊像の存在がくっきりと浮かび上がり、その寺名のとおり、すがすがしさを覚えさせてくれる。別名「嵯峨の釈迦堂」のゆえんである。

　この像はその後も多くの人に強い感銘を与えている。のちに若き法然（１１７３〜１２１２）が比叡山離山後、この地に十日間参籠して、自らの回心と衆生済度の決意を新たにした。また江戸時代の中国渡来僧、隠元隆琦《いんげんりゅうき》が「栴檀瑞像」の大額を寄せている。已れ自身の日本渡海と三国伝来の瑞像とを重ね合わせた仏徒としての決意がそこに込められている。隠元が嵯峨清涼寺を訪れたのは１６５９（万治二）年のことと思われる。この年、隠元は天龍寺、西芳寺などに遊び、嵯峨直指庵《じきしあん》に一夜の宿を求めている。おそらくその時、清涼寺に参じ、この尊像にまみえたのであろう。

　清涼寺、というより「峨嵯釈迦堂のお釈迦さん」信仰はたちまち民衆の間にひろがった。何よりもその美しさ、わかり易さが身上である。法然が参籠したあと、法然自身の回心と相俟《あいま》って、阿弥陀とともに釈迦像を拝する嵯峨の善男善女が「嵯峨大念仏」に群集した。その時は狂言も催され、嵯峨釈迦堂はますます賑わう。

　このようにして、三国伝来の、五臓六腑を備えた釈迦生き写しの尊像は、大伽藍に納まることなく、嵯峨野の野辺に置かれたために、今日も仏の救いを求める民衆の心の拠《よ》り所となって、人びとの心の中に生きている。

4 平安文化と大陸文化〈平安時代中・後期〉

菅原道真の虚像と実像

菅原道真(845〜903)という人がいる。この人物ほど多様な相貌《かお》を持った人は珍しい、というべきだろう。今では受験合格祈願の神様になってしまった北野天満宮の祭神だが、生きている間は最高の権力の座に昇った政治家であった。それと同時に抜きん出た学者であり、詩人であった。神様になってからも、当初は無実の罪に陥《おとしい》れられたとして、怨霊《おんりょう》となり、人の世に災厄をもたらす神として恐れられた。『北野天神縁起』によれば、道真追放の責任者であった延喜の聖主、醍醐天皇(885〜930)などは、地獄の鉄窟苦所という所へ落ちてしまったほどだ。

道真の霊は火雷火気毒王とも天満大自在天とも名付けられ、落雷、洪水、疾病、兵乱などの大災厄を日本国にもたらす元兇であった。そのうち、ある女性に託宣があり、北野の馬場へ我を祀れ、という。これが北野天神社の始まりとされるが、もともと北野の地は天神、つまり農耕神を祭る場所であった。のち菅原道真にからんで牛が北野に登場するが、これは古い時代のこの地の農耕儀礼が反映しているのではないか、という見方もある。

政治家としての道真は、いわば非主流派でありながら、宇多天皇（８６７～９３１）の寵を得て従二位右大臣という極官に進む。その政治姿勢は筋を通そうとしながら、どこかにひ弱いところがあった。権門・藤原時平（八七一～九〇九）一派の専横を憎々しく思いながら、自分も女《むすめ》を皇弟に嫁《とつ》がせて、時平と同じく外戚化を狙ってみたりもした。遣唐使差遣は道真自身が大使に任命されていながら、無期延期の末、ついに中断してしまうのだが、この時の道真の言行と判断ももうひとつすっきりしない。要するに、断乎として所信を内外に表明して、いったん決めたことはどこまでもやり遂げるという決断力に欠けていたという憾《うら》みがあったようだ。

生存中の菅原道真のもう一つの顔、学者・詩人としてはどうであろうか。道真の家は祖父の代から代々文章《もんじょう》博士に進む学者の家柄となった。二十三歳で奨学金付きの文章得業生となり、二十六歳で高級官吏の任用試験である方略試を受けて中の上の成績だったというから、そこそこの俊才であったといえよう。官吏になってからも『類聚国史』二百巻の編纂を行ない、『三代実録』の編集にも参加した。このあたりが現代の受験の神様に繋がっていくようだが、天神の信仰としては、のちに怨霊信仰が下火になるにつれ、「世々文道の大祖、風月の本主」として詩人道真の神格化が進行し、詩人としての道真は『菅家文草《かんけもんそう》』二巻、『菅家後集《かんけこうしゅう》』一巻の詩文集があり、和歌も『古今和歌集』を初めとする勅撰和歌集に伝わっている。現在は伝世していないが、『新撰万葉集』というものも撰進したともいう。

こち《東風》ふか《吹》ばにほひ《匂》をこせ《起》よむめ《梅》のはなあるじ《主人》なしとてはる《春》をわする《忘》な

この一首は、道真が九州の大宰府へ配流されることとなって旅立ちの朝、京都の邸をあとにする時に詠んだ歌、とされているが、道真の本領は和歌よりも、父祖伝来の漢文学の造詣を生かした漢詩文にあったようだ。

詩人大岡信の説によれば、道真は日本的な「和」の世界を「漢」詩文に逆に移し変えることによって、より深い詩境を得た。つまり「道真において古代日本文学の外発開化のモダニズムは絶頂をきわめ、すでにモダニズム自体を乗越えていた」ということになるようだ。つまり、漢語と日本語という「二つの言語のギャップを可能な限り漢語の世界へ接近してゆく努力によって埋めていこうとした偉大な詩人」という評価である。

道真の時代はそうした意味において、まさしく漢語・漢詩文と和語・和文とのせめぎ合いの時期であった、ということができる。公《おおやけ》・公式の場、ハレの場では前者が用いられることに変わりはなくても、私ごと・非公式の場、ケの場ではもう仮名が用いられることは珍しいことではなくなっていた。道真の死後二年目、905（延喜五）年に仮名書きの序文をつけた『古今和歌集』を勅撰とすることが命じられたことは、後者がついに市民権を得たことを意味している。

しかし、『古今和歌集』に仮名序をつけた紀貫之（868?〜946）自身が仮名書きで『土佐日記』を書く時に「をとこもすなる日記といふものを、をむなもしてみむとてするなり」と、まだ女手《おんなで》を装わねばならない時代でもあった。

外交上必要だった漢字

ここで日本語の歴史を少し振り返ってみよう。歴史が始まるかなり以前、新旧石器時代のことは措《お》くとしても、一万年以上も前の縄文時代から、この日本列島に住んでいた人びとは、間違いなく、今日の日本語の祖型を話していただろう。弥生時代に入って多くの人びとが海の彼方から渡来し、その言葉にも影響され、あるいはその語彙《ごい》も取り入れながらも、日本語であることには変わりなかった。もっとも、日本、日本語という言葉が当時あったわけではなく、一つの体系性を持った土着言語であった。

この言語、中国風にいうと倭語は、永らくその表現の方法としての文字を持たなかった。古代権力がしだいに統一され、クニ＝国家が形をととのえるプロセスでも、その事情は変わらなかった。ところが外国、中国や朝鮮半島諸国との外交関係が生じるに及んで、初めて文字の必要が生まれた。その頃すでに、中国皇帝は周辺の国々に冊封関係に入ることを求めていた。天命を受けた中国皇帝に諸国の王が上表し、朝貢を奨める関係に入る。諸国はそれによって礼を知り、盛りだくさんの回賜を受ける。その一つの象徴として中国皇帝から正朔、すなわち暦を授かる。これなどは周辺の農耕社会の国々にとって、中国の先進文明の徳化を実利面で受けることの最たる現われであろう。

諸国の王の上表という時に必要なものが文字である。王は自分の姓名、国名、朝貢の目的、人民や国土の状態、上表する決意を表文として述べねばならない。その時文字を持たない諸国の王は、宗主国である中国の文字、すなわち漢字を用いる以外に方法がない。そこで漢字を用いることが日本でも始まった。この状況は朝鮮半島の諸国やベトナム、西域、北辺の諸国でも同じであった。もともと言語の構造が異なる漢語の表記を、日本語の文字として用いねばならない言語使用上の必然性は、どこにもなかった。このことは中国大陸の北方、西方の諸民族でも同じであった。越南《ベトナム》もそうであった。ただ一つの点、つまり漢字を用いた外交文書を作らねばならない点で、漢字の習得が必要となったのである。このことからしても日本語における漢字・漢文の使用は、公式の場、ハレの場で用いられるべき性質のものであった。

そこへ朝鮮半島を経由して漢訳仏典や儒教の典籍がもたらされた。それを持ち込んだ百済《くだら》、新羅《しらぎ》、高句麗《こうくり》の使者たちは、自在に漢語の読み書きができたであろう。五世紀から七世紀にかけて日本へやってきた渡来人の中でも、留学僧、留学生となって唐土へ渡ったことのある人は、漢語・漢字を自由に用いることに習熟したであろう。その頃日本に住み着いた渡来人の中には、漢字を読んだり、漢字で物事を表現できる人びとも少なからずいたにちがいない。日本土着の人びとは驚きと羨望の念でそれらの人びとを見ていたにちがいない。そこで彼らは猛烈に漢字・漢文の学習に励んだことだろう。東アジアの世界で一つの国家を形成し、中国や朝鮮半島の諸国と交わりを結び、それらの先進文明を取り入れるためには、まず漢字・漢文の習得から始めねばならなかった。幕末や明治の文明開化の時、日本の官僚、知識人がやみくもに欧米の言語を学んだ時以上の努力が必要だった。聖徳太子の事蹟などは、徹頭徹尾、漢語・漢字文明に対するコンプレックスの裏返しとでもいうことができる。

ついで、人びとは漢字を用いて日常の自分たちの言葉、すなわち日本語を表現したい、と思うようになった。また、国家としての記録も語部《かたりべ》に頼ることなく、文字に記して整理し、権力者としては自分たちに具合の悪いことは切り捨て、都合よく歴史を改竄《かいざん》したい、という欲望も生まれてきた。そこで苦心惨憺の末、まず万葉仮名（真仮名）というものが考案された。

「やまとうたは、ひとのこころをたねとして、よろづのことの葉とぞなれりける」とは『古今和歌集』の序文であるが、言葉で自分たちの感情、心に映ったことを表現したい、という欲求はまず私ごとの歌を集める、という形で実を結んだ。他方で、712（和銅五）年に『古事記』が、720（養老四）年には『日本書紀』が成り、権力者たちの記録の整序も進められた。しかしこちらのほうは「正史」であるから、漢字による表記である。同時に海外からもたらされる漢字を用いた膨大な文書、典籍類をどのように読み下すか、ということが大きな課題となった。「ヲコト点」と呼ばれる漢字訓読の方法は、その課題解決の一つの試みであった。しかしこれはまだ符号の一種であった。それよりも、漢字を簡略化して表記することが考えられた。それは漢字の一部を独立した文字とするカタカナとして現われた。それ以来、カタカナは第二次大戦の敗戦時までの法律用語にまで見られるように、漢字を用いることの補助手段として、公式の文書に用いられるようになった。

これに対して平仮名は漢字の草書体から出発した。より簡便に書き綴るためである。そこで漢字のあるものを一字一音化し、さらにそれを本来の漢文と混同して使うことが始められた。九世紀の終わり頃に、地方の国司から中央の太政官に差し出した「解文《げぶみ》」の中に、それが見られる。やがてそれらの文字は草仮名から平仮名へと完成度を増した。のちにはいわゆる書道の発達が大いにそのことに与《あずか》った。

このようにして古代の日本人は、本来言語としては何の繋がりもなかった中国語の表記方法を用いて文章を綴り、また中国文（漢文）を自国の言葉で読み下す、という音読み、訓読みの区別という世界でも珍しい発明を行なった。古代の政治、文化の発展の上で、このことは大きな出来事であった。そして日本と日本人がなおかつ独自の文字体系を持たずに、漢字文化圏に留まることによって、東アジアで共通の文明圏の一部を構成することになったのである。

630（舒明二）年から始まった二十回（中止を含む）にのぼる遣唐使節の試みは、当時の唐王朝が外国との交流関係に積極的かつ寛大であったこともあって、その文明圏の一翼に加わることで計りしれぬ文化史上の成果を日本にもたらした。この間、危険を冒して中国へ渡った遣唐使とその随員の留学生、僧侶、従者、訳官らは、氏名の判明している者（船手、水手などは含まない）だけで定員は二百八十五名である。これについで全二十三回にわたる遣新羅使が同じく八十六名、遣百済使が三十六名、遣高句麗使が十四名、遣渤海《ぼっかい》使が十九名である。（いずれも東大寺教学部編『シルクロード往来人物辞典』による）

当然、彼らの共通のコミュニケーションの手段は漢字である。留学生の中には中国語そのものに通じる者がいたり、新羅人が通訳となったりした例もあるが、公式の文書は漢文であった。朝鮮半島諸国との交渉も漢文と漢字による筆談で用が足りた。ついでにいえば、言葉の障害は乗り越えられたとしても、この時代に日本から中国への渡海の困難さは想像を絶する。構造船を持たず、海流、気象、地理上の知識の乏しさは、渡海の危険性をいやが上にも高めていた。数知れない犠牲者と財宝が東海（東シナ海）の藻屑となって消えていった。さらに無事渡海に成功したとしても、言語、情報の不通、陸上交通の不便さが待っていた。また帰国の便船を得ることも容易ではなかった。円仁の渡唐記録で、E・ライシャワーの英訳本もある『入唐求法巡礼行記』は、その苦しい旅行の実相を赤裸々に綴っている。円仁の場合も、山東半島登州にあった新羅人の居留地の高官の好意がなければ、無事帰国することもできなかっただろう。

この遣唐使は、前述の如く、皮肉にも当代漢詩文の第一人者であった菅原道真の建議によって、無期延期とされてしまう。その道真は、872（貞観十四）年、存問渤海客使に任命されて客使に送る勅書を起草した。895（寛平七）年、渤海客使裴頲《はいてい》（生没年不明）が入京するや平安京内のゲストハウスである鴻臚館《こうろかん》で客使と唱酬し、十篇の詩文を大使と唱和した。その時、酔った道真は衣を脱いで「もとより衣を同じくする　豈《あに》　浅き情《こころ》ならむや」と大使に贈った。もっとも会話のほうははかどらなかったようで、詩中に「膝《ひざ》を造《なら》べ芳言《ほうげん》を接《まぐ》ふるに堪《た》へず」と嘆いている。

道真の場合、官人としても、詩人としても、また学者としても、中国古今の教養に通じていることが彼の生涯を決定し、またのちの世にその事蹟、考え方、感性などを伝えているのであるが、一方、この時代のもう一方の担い手である、いわゆる女流文学者の場合はどうであったろうか。ここでは二人のよく知られている作者とその作品の中から、彼女たちの教養のベースを探ってみよう。

紫式部の中国古典教養

さて、京都の人で世界中にその名が聞こえている人といえば、誰を挙げることができるだろうか。それにはまず、平安時代の女流文学の第一人者、というより、世界で指折りの古典文学の作者紫式部（970?〜1014?）の名を挙げることに誰も異存はあるまい。彼女の名は日本ではもとより、今日では『源氏物語』の翻訳が英語、フランス語、ドイツ語などで普及していることもあって、今や世界で最も著名な日本人の一人、ということができるかもしれない。その大ロマン『源氏物語』は日本の王朝時代の最も雅《みやび》やかな精神と時代を反映している、といわれる。ではそのような時代を映し取り、文学作品として昇華させた彼女の素晴らしい資質は、どういう環境で育まれ、どんな素養の上に成り立ったのであろうか。

告白的自伝ともいえる『紫式部日記』に、そのことは簡潔に述べられている。式部の父・藤原為時（生没年不明）は、東宮師貞《もろさだ》親王（のちの花山天皇　968〜1008）の副侍読《じとく》であった。のち花山天皇即位後は式部大丞《しきぶだいじょう》となるが、いわば学習院大学の皇族付き教授というところであろう。当然、漢籍の素養を十分すぎるほど積んでいた。この人は997（長徳三）年、入京した宋人羌世昌《きょうせいしょう》（生没年不明）と詩を唱和した、というから、なかなかの国際人でもあったわけだ。この父が式部の兄に『史記』を読み聞かせていたところ、傍にいた幼い式部のほうが兄よりも読解力が優れ、兄が忘れる箇所も不思議なほどよく覚えて理解していたので、漢籍の学問に熱心だった父は「口惜しう。男子《おのこ》ごにてもたらぬこそ、さいはいなかりけれ」と嘆いたという。男子ならば学者としても、官僚としても出世は間違いなかっただろうに、というわけである。

このように類《たぐい》稀な頭脳のよさと、父仕込みの豊かな教養を身につけた式部も、宮仕えの当初はその才智をひた隠ししなければならなかった。男でさえ「才《ざえ》がりぬる（漢籍に通じた学識）人」は、その才能をひけらかすと却ってうだつが上がらない、ということを聞いたので、それ以後は「一といふ文字をだに書きわたし侍らず」と、ただただ読書など思いもよらない、というように振舞っていた。ところがふとしたことから、彼女の才智が女主人の中宮彰子《しょうし》（988〜1074）の知るところとなった。中宮は彼女に文集（白氏文集）のところどころを読ませ、また『楽府《がふ》』二巻を進講させる。このようにあとでは才能が彼女の身を助けることになるのだが、その彼女の教養は中国の史書であり、詩文であり、文学論であった。式部が『源氏物語』を書き始めたのは、一説には夫と死別したあとの頃だともいい、一説には出仕後、中宮彰子とその父藤原道長（966〜1027）の勧めによる、ともいうが、いずれにしても中宮と時の最高権力者道長の後援がなければ、あれだけの長篇を書き上げることは不可能であっただろう。第一、当時稀少な文房、特に料紙を一女房の身分で手に入れることはほとんど考えられないからである。

その『源氏物語』には随所に式部の中国古典の教養が覗いている。「桐壺の巻」では、七歳の光源氏が高麗の相人《そうじん》に占いを観てもらい、その占い師と漢詩の贈答をする、という条《くだり》が出てくる。高麗の占い師がその頃京都の市中にいた、というのも面白いが、このことをはじめとして、池田亀鑑の『源氏物語事典』によると、作中の漢詩文の引用はおびただしい。

その中できわ立っているのが『白氏文集』すなわち白楽天（白居易 772〜846）であって、全篇七十九カ所にわたっている。そういえば、楊貴妃を失った玄宗皇帝（685〜762）の長恨歌に類するような悲唱は、亡き葵の上を偲ぶ光源氏の思いに仮託されており、また源氏が須磨の月を見て都を想う情景は、白楽天の「八月十五夜禁中独直　対月憶元九」にそっくりだといわれれば、なるほどと思う。『白氏』については『史記』の二十三カ所、『礼記』の九カ所、『荘子』の九カ所、『毛詩』の七カ所などが指摘されている。ところがどういうわけか、在野の詩人李白と杜甫は登場していない。

この他には、仏典の影響もみられる。宇治十帖と恵心僧都源信らしき人をモデルとした横川僧都《よかわのそうず》のことはあまりにも有名だが、前記の池田亀鑑の『事典』によると「妙蓮華経」の引用が十八カ所、「観無量寿経」が同じく七カ所とある。これらは作者の紫式部が当代の第一級の知識人であったこと、およびその時代の思潮を物語っている、といえよう。

また『源氏物語』や他のこの時代の女流作家の文学には、おびただしい大陸や朝鮮半島の文物も登場している。「唐の物」「高麗人の奉れりける綾錦金錦」「唐の本」「高麗笛」「こまの紙」などが物語の進行にあわせてさまざまに登場している。このような中国、朝鮮半島渡来の文物は当時の中央であった平安貴族のステイタス・シンボルとして文字通り「重宝」されていたのである。

その中には菅原道真による遣唐使中止後にもつづけられていた民間の渡唐船や、高句麗のあとに成立した「海東の盛国」である、渤海国の使者がもたらした文物もあっただろう。

枕草子と和漢朗詠集

次に、紫式部と並び称される清少納言（生没年不明）の『枕草子』の場合をみてみよう。式部がその才能、特に漢文学・漢詩文の才能をひた隠しにすることが、宮仕えの人間関係を上手に切り抜けていくための大切な要件だ、と考えていたのに対して、少納言のほうはむしろ進んでその漢才《からざえ》ぶりを目立たせようとしている。

『枕草子』の「〜〜は」で始まる、物づくしの歯切れのよい文章の端ばしに、それは現われているが、最も名高い一節、香炉峯の雪の話などはその典型であろう。大雪のある日、いつになく格子を降ろして炭櫃《すびつ》に火を起こして物語をしている時、彼女の仕える中宮定子《ていし》（９７７〜１０００）が「少納言よ、香炉峯の雪はいかならん」と問うた。すると少納言は問髪を入れず、蔀戸《しとみど》のほうへ歩み寄り、降ろしてあった御簾《みす》を高く掲げた。中宮はその奇智に富んだ見事な振舞いに大いに喜んだ、という条《くだり》である。いうまでもなく、香炉峯の雪とは白楽天の詩の一節「遺愛寺ノ鐘ハ枕ヲ欹《そばだ》テ聴ク、香炉峯ノ雪ハ簾《すだれ》ヲ撥《あ》ゲテ看《み》ル」のことである。もとより人びとにこの詩のことは知られていた。ただ、それをとっさの振舞いで自ら指し示したところに、彼女の並々ならぬ才覚がみて取れる。若く、知的好奇心旺盛な中宮との呼吸《いき》の合った主従ぶりを物語るエピソードである。

式部とともに少納言も、『白氏文集』は大のお気に入りの書物であった。岸上慎二によれば、『枕草子』に登場する漢籍・漢文書の出例は次のとおりである。

漢籍—19　白氏文集11　詩経1　史記3　漢書2　列子1　論語1
日本で編集、著述された漢文書—26　和漢朗詠集15　本朝文粋5　九条殿遺誡《ゆいがい》1　菅家文草2
千載佳句3

また、少納言自身も『枕草子』の中で「書《ふみ》は文集《もんじふ》。文選《もんぜん》。新賦《しんぷ》。史記。五帝本紀。願文《ぐわんもん》。表《へう》。博士《はかせ》の申文《まうしぶみ》。」と、白楽天を最初に挙げている。

ところが紫式部によると、少納言の漢才《からざえ》ぶりは十分ではなく、自分の才能をやたらにひけらかしているだけ、と見えた。

清少納言こそ、したり顔にいみじう侍りける人。さばかりさかしだち、真字《まな》（漢字）書きちらして侍るほども、よく見れば、まだいとたへぬことおほかり。（『紫式部日記』）

穏やかな式部にしては珍しく、感情的で露骨な批評である。それはともかく、彼女たち宮廷の女房・女官たちの間でさえ、このように中国の古今の典籍に通じ、漢字（真名・真字）を使いこなせる教養が第一とされた。香炉峯の条《くだり》で見られたように、このことは特に抜きん出ていた清少納言だけでなく、他の女房たちも白楽天の詩文に十分通じていたのである。彼女たちが宮廷生活や恋を詠《うた》った和歌、男性から贈られた返し歌の類《たぐい》にしても、中国古典に通じ、その上に日本近古の故事をよくわきまえた教養を背景にして初めて、詠《よ》むことができたのである。

１０１８（寛仁二）年頃に第一次の成立をみたとされる『和漢朗詠集』は、このような平安時代の貴族の教養の普及と交遊に大きな役割を果たしたと思われる。藤原公任《きんとう》（９６６〜１０４１）の撰になるこの歌集は、大江惟時《これとき》（８８８?〜９６３）編の『千載佳句』と『三代集』から朗詠に適した句を摘句、または詩句を選んだもので、ここでも白楽天の詩句が百三十九句といちばん多い。日本人では菅原文時《ふみとき》（８９９〜９８１）の四十四句、菅原道真の三十八句が目立つ。和文と漢文を一句ごとに並記してあるこの書物は、もともと漢音で詠まれていた声明《しょうみょう》や踏歌《あられればしり》がしだいに訓読みでもよまれるようになり、やがて和文の読みが定着していく過程で、和漢の出典を明らかにしつつ、日本語の読みを仮名混じり文で一句ごとに対照させた、詠み歌便利事典とでもいうべきものであろう。これは後代まで長く重宝された。今、スペインのエル・イスコリアルという町の王室図書に『和漢朗詠集』の上巻が一冊現存するが、これは1600（慶長五）年に日本に来ていた宣教師が長崎で出版した、いわゆるキリシタン版の珍本である。カトリックの宣教師たちはこの朗詠集を、日本人の信徒たちが話し方、書き方に上達し、教養を積む上でのテキストとして刊行した、といわれる。いかにこの書物が長く人びとに愛され、普及したかを物語る話である。

このようにみてくると、平安時代の王朝文学といわれるものは、ことさら日本独特の文化的土壌の上に成立したものではなく、物語、和歌、日記を含めて九世紀から十一世紀の東アジア文化の一支脈として、中国文化の影響を深く受けつつ花開いたものである、ということができよう。その上に立って、日本語の文章表記法を作り出し、人間の感情の起伏、世間への思い、自他のかかわりなどを自在に表現できるようになったことが、さらに文化の裾野をひろげ、女性作家をも数多く生み出すことができた。ついでにいうと、この時代の「雅《みや》び」といわれる時代精神にしても、必ずしも現代の京都が売り出している情緒てんめんたる文化意識ではなかったといえよう。

京人は、猶、いとこそ、みやびに、今めかしけれ。

（『源氏物語』宿木の巻）

とあるように、この時代の貴族階層の都会風の生活意識、生産や行政の実務からも切り離された、京都の宮廷生活の中でのみ生み出された意識であろう。そのことと兼ね合わせていえば、平安時代に花開いた「雅やかな国風文化」といういい方にも問題がある。

この場合の国風《くにぶり》とは、唐様《からよう》に対置する国風ではなかった。もともと「国《くに》」とは中華に対する国であって、いい換えれば中央に対する地方、国造《くにのみやつこ》、国司の「国」である。「都（長安）に対する「鄙《ひ》」ということもできよう。所詮、「雅び」とは鄙の中の都会ぶりの強調であった。それに、この時代、明治期から昭和期にかけての世代が経験したような近代国家の成立に裏付けられたようなナショナリズムは、まだ地球上のどこにも存在していなかった。そのような意識が成立する前提条件としての国家も弱く、対外関係とて、強く自己を主張するアイデンティティーにも欠けていた。それに、数千年を経てなお光輝を失っていない中国文明の大きさと文化的蓄積の深さには、まだとうてい適《かな》いようがなかったのである。

道真はいうまでもなく、紫式部や清少納言、その他の人びとの作品や日記のどこを見ても、唐物、唐様に対する批判めいた言葉は見出すことができない。むしろ、洗練されていない日本人の作った漢詩文を、「和習」といって軽蔑したものである。その意味で、まさしく「国風《くにぶり》」は「鄙《ひ》」に通ずる東アジア文化の一支脈であることとの自認であった。

とはいっても、日本語で自由な表記ができるようになり、国家関係としての中国との交渉も途絶えると、一方的な慕華感情は消える。むしろ古典的教養としての中国文化の受容と、日本的風土の上に、やがて浄土教思想の展開や、定朝様の彫刻、大和絵、浄土寺院の建立などさまざまな分野で、新たな文化的創造の営みが京都の地で生まれてくる。

さらに平安貴族の没落と武家の登場とともに、新しい息吹きを持った大陸・朝鮮半島の文物が人びとに賞でられる時代がその次にやってくる。

5 日宋貿易と五山文化〈平安時代末期〜鎌倉時代〉

平氏政権の日宋貿易

平清盛（1118〜81）という政治家は『平家物語』によってずいぶん損をしている人である。平家一門の興亡という政治事象をいささか感傷的に取り上げたこの文学作品は、その主題を強調するために、清盛を悪逆無道な人物として描いた。天皇や院を自分の権勢欲のために利用し尽し、政敵はことごとく成敗し、つねに側近に美姫をはべらせ、また若く美しい女性たちを玩弄《がんろう》した上、悲運に陥《おとしい》れている。一門の栄耀栄華のために手段を選ばず、主上をも天をも恐れなかった、というわけである。

けれども、少し考えてみれば、この程度のことは藤原氏が奈良時代から平安時代にかけてやってきたことと大差はないのではないか。競争相手であった源氏の政権もまた、平家ほど知られることはなくても、程度の差はあれ、同じようなことをやってきた。ただ、平氏政権の場合は出身が坂東武士でありながら、武家政権を目指す自覚に欠けていた。源氏のように家子《いえのこ》郎党をしっかりとつかんでおくことの大切さを忘れていた。むしろ貴族としての地位を餌に権謀術数を弄する後白河院の手玉にとられたような面もある。

私にいわせれば平家の最大の功績は日宋貿易に光をあてたことであった。その貿易の利益が平氏政権の台所を潤し、一門の栄燿栄華をもたらした最大の源泉であった。そのことは、海外の珍宝を居ながらにして自由にし、巨利を貪《むさぼ》っている平氏に、平氏以外の人びとから強烈な嫉妬の念を起こさせた。それは平氏の専横にみえた。そこから平氏批判の声が湧き起こった。

では、平氏はどうして宋との貿易に着目し、どのようにして自分たちの富の源泉としていったのだろうか。まず、日本と宋帝国の関係をみる。

宋は五代分立時代のあと960年にほぼ全土を統一して建国した。だが一世紀後には北方の異民族の金国が強大となって中原を追われ、十代高宗の時、長江以南へ移った。これが南宋国（1127〜1279）である。日本とのかかわりの始まりは、延暦寺の僧・成尋《じょうじん》（1011〜81）が同行して渡宋していた頼縁をひと足先に帰国させた時に、神宗皇帝からの賜った膨大な経典・図書ほかの文物を持ち帰らせたことである。成尋は1072（延久四）年、宋の商船に乗って渡海、神宗から召されて紫衣、絹帛を賜わり、開宝寺に留まっていた。先述のように北宋とのかかわりでは、東大寺の奝然《ちょうねん》が983（永観元）年に入宋した時、太宗から日本の「みかど」について下問があり、それに答えて紫衣を賜わったという記録もある。

1078（承暦二）年には孫忠という宋の商人が牒状と羊三頭などの信物を持って日本へ来た。宮中の殿上ではその返信と信物について議論が行なわれ、長らく正式の国交が途絶えていたので宋国の真意を測りかねてさまざまな意見があったものの、通事僧仲回という者に大宰府からの信書と織絹二百匹、水銀五千両を持たせて贈った。その後も商船の来航に付託して信書のやりとりが続けられていたという説もある。

平氏はこの日宋貿易に目をつけた。その頃の貿易の方法は宋船が九州に着くと京都の蔵人所から唐物使を大宰府に派遣して先買いし、残りを日本の商人が買うという方式であった。このため商品の売買、先買権をめぐって大宰府役人の横領、不正が絶えなかった。清盛の父忠盛は、この大宰府官人の横暴を抑え、中央政府の先買権を確立するとともに商人を手なづけ、貿易の利益を集中しようとした。清盛になると、それまですべての宋船は大宰府に近い港に留めおかれる先例をやめ、音戸瀬戸を開削し、兵庫の大輪田泊《おおわだのとまり》を自費で修築して、宋船を直接兵庫まで乗り入れさせた。

1170（嘉応二）年、宋人が兵庫に着くと、清盛は後白河法皇を兵庫福原の館《やかた》に招いてその文物を叡覧に供している。こんなことは絶えてなく、「天魔の所為か」と嘆いている記録もあるが、清盛はいっこうに頓着しなかった。

すでに前年より清盛は福原に常住して、日宋貿易の陣頭指揮にあたってきた。宋からの輸入品のうち、最も多かったものは銅銭であった。商品流通がしだいに盛んになると貨幣の便利さは誰にも明らかとなったのである。その他の数々の珍しいものはこの福原の館だけでなく、平家一門の京都の邸宅にもうず高く積まれた。『平家物語』はそのありさまを「七珍万宝一として闕《か》けたるところなし」と表現している。

財宝だけではなかった。清盛は宋の皇帝が特別に作らせた百科全書『太平御覧』の摺本も輸入し、高倉院に献上している。けっこう文化交流にも関心があったのだ。1172（承安二）年、宋船が持ってきた信物は皇帝からのものでなく明州の地方官からのものであった。しかもある記録によれば、「日本国王に賜う」「日本国太政大臣に送る」とあり、このことが名分にうるさい公家たちの憤懣を呼び、不評を買った。清盛はそんな批判はものともせず、法皇と清盛名儀で進物を贈り返す。その傍若無人ぶりは宋人にも及んだ。清盛は福原で七日間の護摩行を修したが、その間、客の宋人と会わず他人まかせにしておいたので、宋人は大いに怒って帰ってしまったらしい。(『玉海』)

ともあれ、平氏が日宋貿易に手をつけたことは、人びとに海の彼方の国々の存在をいやというほど意識させたのである。そこには珍品万宝がある。それを輸入することで巨大な利益が得られる。品物ばかりではない。文化があり、その文化は日本の文化よりはるかに古い歴史を持っている。はるかに多様である。傑出した高僧や学者もいる。『太平御覧』はそのよい証拠である。深い学理や思想の存在がそこに示されている。異民族によって南へ押しやられたとはいえ、まだ見ぬ大宋国への憧《あこが》れは、商人だけでなく京都の貴顕にもひろがった。平氏にとって代わった鎌倉の武士にもひろがった。

また、源平争乱という激動期の渦中で、家や家族を失い、逃げまどい、その日その日の糧《かて》に苦しむ民衆をどのようにすれば救うことができるか、ということに思いをいたす僧侶たちにもひろがった。今までの南都北嶺の仏教は、この末法の世に何ら為すところがなかったではないか。そう思えば思うほど、宋への渡海、という憧れが強くなってくる。

鎌倉三代将軍源実朝(1192〜1219)でさえ、大船を造らせて自ら渡宋しようとした。その頃、京都比叡山で学んでいた栄西《ようさい》や道元《どうげん》らの目が、「入宋」に向いていったのは自然の成り行きといえよう。そして次には、宋から優れた学者や思想家を迎えたい、という望みが生まれてくる。

それはとりわけ新しく政権の地位を確保した鎌倉の武士たちに強かった。ここではそちらはさておき、京都周辺の僧界の動きを中心にみることとする。

栄西と天下第一の茶

青雲の志やみがたく、入宋した人びとのうちから、まず栄西を取り上げてみよう。明庵栄西《みょうあんようさい》（1141〜1215）の残した言葉で最も印象的なものは、「台嶺雲深しと雖《いえど》も亦《また》これ名利《みょうり》の巷《ちまた》」という一文である。

栄西は備中国吉備津神社の社家の生まれ。父の縁で三井寺寺門流の天台教学を学び、十三歳の時受戒、以後比叡山延暦寺で研鑽を重ねる。

けれども若い栄西にとって、その頃の比叡山の姿は正視に耐えないものだった。そこは天台教学の深遠な哲理を学ぶ場とはとてもいえなかった。研学よりも俗事、法灯を守る道心よりも己れの権勢を拡めようとする利己心、修行の厳しさを求めるより権門の縁故を頼る出世心がはびこっていた。それに加えて寺門と山門の争闘は絶えず、武装した衆徒がいつも徘徊《はいかい》し、教学の府とはいえない惨状を呈していた。寄進を受けて諸国に経営する荘園は一山を潤したけれども、その分配をめぐって僧俗入り乱れての喧嘩沙汰が絶えなかった。

一方、都は藤原氏の貴族政治がとっくに崩れ、院やそれをとりまく貴族、源平の武士の争闘のるつぼと化している。二十二歳、栄西は比叡山を下りて西へ向かった。この年、山門衆徒の蜂起があり、翌年には園城寺《おんじょうじ》がそのために焼亡してしまう。とても山中に留まっていられる心境ではなかっただろう。栄西は都を離れ、郷里備前の日応山で修行し、さらに伯耆国《ほうき》大山《だいせん》へ登って天台の本義を知ろうとする。この頃都では、平清盛が太政大臣の極官に昇り、「平家にあらずんば人にあらず」のわが世を謳歌している。

1168（仁安三）年一月、栄西は博多に着いた。この段階で彼は渡宋を具体的に計画していたとみられる。博多はその頃日本唯一の公認開港場で、内外の貿易商人が往来し、宋人の居留している者も多かった。この時代、中国大陸へ渡ろうとすれば、博多で手がかりを求めるしか方法がなかった、といってよい。ここで栄西は通事（通訳）の李徳昭という者に出会い、四月、便船を得て入宋する。憧れていた天台山では、たまたま日本から渡っていた東大寺の俊乗坊重源《ちょうげん》（1121〜1206）と出会う。重源はその後も二度入宋して、現地の仏殿造営に加わってその技術を習得、帰国後、平家のために焼亡した東大寺再建のため「造東大寺勧進職」に任命され、その任務を完遂した人物である。しかしなぜか栄西の第一回の入宋は、わずか数カ月で終わった。

ついで1187（文治三）年、第二回の入宋を実行する。このたびは宋版大蔵経を請来すること、また足をインドへ伸ばして釈迦の旧蹟を訪ねることが目的であった。結局、栄西以外の誰もがそうであったように、インド行きのほうはうまくゆかず、五年の間、天台山、天童山などを訪ね、大蔵経などを学び、当時中国で盛んになりつつあった禅の奥義に触れることを志した。そして1191（建久二）年九州平戸に帰着した。この第二次入宋の時、彼は茶種を持ち帰るのである。栄西は帰朝後しばらく九州で志を得ようとして留まった。博多聖福寺が彼の手によって建立されたのもこのあとしばらくしてのことである。持ち帰った茶種は、平戸に近い筑前と肥前の国境《くにざかい》の背振《せぶり》山塊南麓、肥前国霊仙寺の西ケ谷、石上坊《いわがみ》という小院の前庭にまず播かれた。茶種はたちまち健《すこ》やかに芽を出し、緑樹となって、美味な茶を人びとに楽しませた。地勢、栽培条件など、すべてがうまくいったのだろう。栄西は茶を喫することを彼の禅院の儀礼の中に取り入れたと思われる。栄西が開いた京都建仁寺には四頭《よつがしら》式茶礼が今に伝わっている。建仁寺では、開山の生誕日に、中央に開山栄西画像、左右に龍虎図を掛け、正面に唐物《からもの》の卓と三具足を揃える。そして供給《くきゅう》する僧が点前《てまえ》をして、さらにそれを持ち運び、列座の人びとに中腰のままで供される、という茶礼である。これはおそらく平安時代にも行なわれた茶礼であろう。書院の茶会、草庵の侘《わ》び茶よりはるかな昔の茶のもてなし方であった。栄西はこの茶を一人じめにしようとはしなかった。むしろ茶の贈答を交友、師弟の結びつきに活かそうとした。

栄西が心を許した門弟の一人に、栂尾高山寺《とがのおこうざんじ》の明恵高弁《みょうえこうべん》（１１７３〜１２３２）があった。明恵は十六歳で東大寺で受戒した。明恵もまた一度ならず釈迦の故地インドへ長安を経由して赴こうとし、その旅行計画書「大唐天竺里程書」を書いた。それは今も高山寺に寺宝として残されている。この時代、革新の意欲に燃えた仏僧たちは、仏法の原点を求めて、中国、インドへの渡航に憧れ、それを実行したのである。明恵の場合は渡航そのものが何かの事情で実現しなかった。だが、彼の高名は洛中洛外にひろまり、１２０６（建永元）年、後鳥羽院の院宣により、彼が少年の頃修行に励んでいた高《たか》雄神護寺《おじんごじ》の一院、栂尾《とがのお》十無尽院を「日出先照高山之寺」の勅額とともに賜わり、ここを戒密禅兼修の華厳宗の道場とした。ちなみに、高山とは華厳経を表わす象徴的な言葉である、とされる。明恵は入山後も時を惜しんで山内の住居から離れて自然林中の石上、樹上、樹下でひたすら坐禅に励み、仏の境地に学ぼうとした。純粋禅に近づき、いわゆる旧仏教の中の革新のリーダーたらんと志したのである。

栄西はこの明恵に自分の衣鉢を継がせようとした。だが明恵はこれを断る。けれども栄西は明恵に対して終生好感を持っていたらしく、弟子の一人が禅定について質したことに対し、「栂尾の上人禅定を修すること功績あり、已に成就し給へり、其《それ》に行きて問ひ奉りて、其《そ》の如くに修すべし」といった。また、死期の迫った栄西は、入宋の折、手に入れた先師相伝の伝灯法衣を明恵に贈っている。高山寺の明恵に栄西から宋土伝来の茶種が贈られたのも、この師弟の温かい交情からであろう。栄西二度目の帰朝から約十六年後のことである。茶樹は五年で成木に達するというから、この時贈られた茶種はすでに日本の土にいったん移植されたものであった。その時茶種とともに贈られた容器は、その名も「漢柿蔕茶入《あやのかきべたちゃいれ》」と名づけられ、伝世して今日に至っている。明恵はこの宋伝来の茶種を栂尾の山腹に植えさせた。

幸い水はけよく、地味も茶に適《かな》っていたのであろう。種は見事に艶やかな緑葉を茂らせた。そこでしだいに栂尾茶園は拡大され、栂尾の茶は「天下第一の茶」の名をほしいままにする。後世、殿中の茶会で催された闘茶で競われた本非の茶のうち、本茶はこの栂尾高山寺産のみとする。さらに宇治、醍醐、仁和寺などに茶種が移され、あちこちに茶園を見ることになるのは、その後間もなくのことである。

栂山《とがやま》の尾上《おのえ》の茶の木分け植ゑてあとぞ生ふべし駒の蹄影《あしかげ》　　明恵上人

南方の嘉木である茶が日本列島にもたらされたのは、この栄西が初伝ではない。８１５（弘仁六）

年、嵯峨天皇は近江国滋賀の辛崎に行幸し、崇福寺に詣で、ついで桓武天皇勅願の梵釈寺を過ぎる時、梵釈寺の僧、大僧都永忠（743〜816）が手ずから茶を煎じてもてなした（『日本後紀』）。この永忠という人は、留学僧として三十数年間入唐し、最澄が帰朝した遣唐使船に同乗して805（延暦二十四）年に帰国した。現在、大津市坂本にある「日吉茶園之碑」には、最澄自身がこの時茶種を持ち帰って、この地に植えたもの、と記されているが、あるいは永忠が持ち帰り、常住を任ぜられた梵釈寺に植えたものとみることもできよう。

平安時代、茶を飲む習慣は一部の貴族や僧侶の間ですでにあったらしい。しかしそれは宴席や仏門の中で行なわれたにすぎなかった。茶が広く飲まれるようになったのは、やはり「茶は養生の仙薬なり。延命の妙術なり」と述べる栄西の『喫茶養生記』（1211年初稿）に待つところが多い。茶の名字、樹形・葉形、茶の効能、茶を採《と》る時節、茶を採るさま、調《ととの》え方、茶と諸病の関係すなわち薬理効果、茶を喫する法などを、中国の『茶経』をはじめとする文献資料、詩文、医書などを盛んに引用して説明を加えたこの茶の手引書は、茶を万人にひろめる何よりの啓家書となったのであった。

渡来僧一山一寧とその弟子たち

鎌倉時代はこのように中国文明への憧れと日本仏教革新の原点を、仏祖の地インドや、当時の中国仏教の主流となった禅定を何よりも重くみる達磨《だるま》宗すなわち禅に求めることが、一種の流行となった。

けれども十三世紀初めにアジア大陸の中央部から四辺に向けて興起したモンゴルの大帝国は、たちまちのうちに中原の沃野も蹂躙《じゅうりん》した。その巨波は文永・弘安の役（1274・1281年）となって日本の沿岸に打ち寄せた。幸い、台風の襲来とモンゴル軍の戦術のまずさ、高麗での三別沙のゲリラ活動などが相重なって好運にも日本は外敵の侵入をかわすことができた。

京都朝廷ではこのかつてない国難に対して、ただ神仏の加護を祈ることしかできなかった。この二十数年前の「承久の乱」によって政治・軍事の大権は幕府の掌握するところとなっていた。外交と防衛の全権限と責任はこの時すでに、本来は天皇が任命したはずの幕府――武家の棟梁に移っていたのである。京都醍醐寺に伝わる、足下に波立ち騒ぐ巖頭に立ち、三鈷剣を杖にした異形の不動明王画像は、この弘安の役の最中《さなか》に描かれた、いわば護国の不動である。京都の朝廷が軍事と外交の実権を「彊外《きょうがい》（外国のこと）はすべて武家の専断に任すべし」として自ら放棄してしまったことは、外国文化の受容ということについても主人公が交替したことを意味する。このあと京都の貴族たちは、一部の好学の人や好奇心旺盛な人物を除いて、一様に外国の文物に関心を示さなくなる。「外国人＝夷狄《いてき》」観と日本神国観は、この頃から強まる。そして外国文物を進んで受け入れようとする窓口は一時期、新しい時代の担《にな》い手である武家の拠点都市、鎌倉と博多が中心となる。

さて、この時代に海の彼方から日本に渡ってきた人びとに触れねばならない。

奈良時代、五度の遭難ののち日本へ渡り、東大寺戒壇院の建立、唐招提寺の創立にあたり、のち日本の土と化した鑑真《がんじん》（688〜763）和上のことはたいていの日本人が知っている。その名を冠した定期船が、ひととき日本と中国との往来のかけ橋となっていたほどである。ところが、京都にも中国から渡来し、教化にあたって、京都の地で一生を終えた優れた僧たちがいたことは、鑑真ほどには知られていない。それらの人びとのうち、まず名を挙げねばならないのは一山一寧《いっさんいちねい》（1247〜1317）であろう。一山は道号、一寧は法諱《ほうい》である。

彼も鑑真と同じく数奇な運命によって京都へやってきた。南宋の時代、台州臨海県に生まれた一山は、幼時にして早くも出家、律や天台の教学を学んだ。彼が三十二歳の頃、祖国南宋は北からの元軍の攻撃をかわすことができず滅んでしまった。その前後には難を避けて多くの人びとが商船に手づるを求め、日本に亡命してきた。けれども一山の場合は亡命を志したことは一度もなかった。異民族の圧迫のもとで、彼は昌固という所の祖印寺に法を開き、のち宝陀山観音寺に住して、相変わらず仏道に精進を続けていた。

その頃、いわゆる文永・弘安両役によって日・元間の関係はまったく冷え切っていた。けれども元王朝はもともと日本が冊封関係に入ることを求めていたので、戦時状況がなくなれば、何らかの通交、通商関係の回復を期していたようである。日本側でも、戦中にもかかわらず、中国本土からの渡来船もあれば、大陸へ出かける商船もあった。そこで世祖フビライを継いだ成宗は、一山を僧録司の官職に任じ、金襴の衣と妙慈弘済大師の号を与えて、日本との交渉にあたらせることにした。官命とあれば免れることはできない。政府は一山が命を拒んで逃亡すると懸念して、五人の護衛までつけた。さらに通好を求める信書の内容については、官吏を派遣してくわしく説明させた。成宗の詔書や付属の文書を読み終わった一山は、渡海を決意した。差し向けられた三隻の船に乗り込み、日本船について出発した、とあるから、激しかった二度の戦闘の直後でも、日本の商船はある程度自由に大陸沿岸に出入りしていたのだろう。（『一山国師行記』）

航海は困難をきわめた。マストは折れ、柂《かじ》はくだけた。わずかに修補して三、四日で高麗に着く。それから山のような大波を潜って、１２９９（正安元）年博多に着いた。日本の船主が幕府の鎮西探題府へ信書を届けるが、元への不信と再度の攻撃に脅えている役人はとりあわず、あやうく殺されそうになる。幕府の執権・北条貞時は、一山が宋人であること、その人格が高潔であることを知ったが、敵国の使臣であり、成宗の信書もにわかに信じがたく、伊豆修善寺に一山を幽閉した。しかし貞時はこのような「有道の士」を日本で活かしたい、と思ったのであろう。間もなく釈放するや、鎌倉建長寺十世に迎えた。一山の名声は高まり、貞時自身も帰依するようになった。鎌倉に住すること十数年、１３１３（正和二）年に一山の名声を聞いた後宇多法皇の声がかりで、二世規庵祖円（１２６１～１３１３）示寂後の南禅寺第三世に招聘された。一山が入山すると、後宇多法皇はしばしば南禅寺を訪れ、一山に道法を聞く。禅律に徹した一山の法は、法皇だけでなく、京都で多くの仏弟子や貴顕を集めた。しかしすでに年老いた一山は再三退休を求め、一時は越前へひそかに身を潜《ひそ》めたが、法皇の宸書に慰諭《いゆ》されて京都へ戻ってきた。１３１７（文保元）年、法皇がたまたま寺を訪れた時、すでに病の篤かった一山は、顔を上げて龍顔を拝すことができず、法皇らに看取られ、偈を書き終えて、波乱に満ちた七十一歳の生涯を閉じた。その偈。

横行一世《おうこういっせい》　仏祖《ぶっそ》飲気《きをのみ》　箭既離絃《せんすでにげんをはなる》　虚空落地《こくうまさにちにおつ》

一山の廟塔は京都南禅寺大雲庵と鎌倉建長寺玉雲庵にある。

一山は禅僧として傑出していただけでなく、儒学に通じ、詩文に秀で、書もまたよくした。南宋にあった中国の最高の教養が日本に彼を通じて移し替えられたのである。そのため一山のもとからは優れた次代の傑僧たちが続々と巣立ち、あるいは一山の指導によってその才能を磨かれた。京都に関係の深かった人では、たとえば次のような人びとがいる。

虎関師錬《こかんしれん》（1278〜1346）

一山一寧の行状と法話を集大成した『元亨釈書』三十巻を著わした。禅律の上でも、儒学の上でも、書の上でも、最も一山の感化が強かった。1332（元弘二・正慶元）年、東福寺十五世となる。

夢窓疎石《むそうそせき》（1275〜1351）

天龍寺・臨川寺開創、西芳寺再興。『夢中間答』三巻の著と、禅刹各所の庭園の名ディレクターとして著名である。一山没後、再三の辞退にもかかわらず、後醍醐天皇の命により南禅寺にも二度入寺している。生前没後合わせて七つの国師号を歴代天皇から下賜された「七朝国師」である。疎石の門下からは春屋妙葩《しゅんおくみょうは》（1311〜88）、義堂周信《ぎどうしゅうしん》（1325〜88）、絶海中津《ぜっかいちゅうしん》（1336〜1405）らが出た。

雪村友梅《せっそんゆうばい》（1290〜1346）

一山の鎌倉時代の高弟である。十八歳の時に入元。この人も多難で、中国でスパイの嫌疑を受け、危うく殺されるところを九死に一生を得て大赦、文宗皇帝に用いられた。1329(元徳元)年帰朝、信州慈雲寺、山城西禅寺、播磨法雲寺に入り、のち京都五山の万寿寺、建仁寺に移った。詩文に秀で、五山文学の一源流となった。

一山一寧の他にも、宋・元からは実に多くの高僧が渡海して、その多くが京都に縁を持った。もちろんそれらの人びとは禅僧である。

兀庵普寧《ごったんふねい》(1197~1276)
四川省の人。東福寺の開山となった臨済同門の円爾《えんに》弁円(1202~80)の招きで1260(文応元)年来日し、初め博多聖福寺にいたが、弁円が東福寺に迎えて厚くもてなした。けれども執権北条時頼が兀庵の招聘を強く求め、鎌倉建長寺二世住持となった。北条時頼は兀庵から印可を受けるまでになった。

蘭溪道隆《らんけいどうりゅう》(1213~78)
京都泉涌寺の月翁智鏡《がつおうちきょう》の招きで1247(宝治元)年に入洛したが、やはり北条時頼の招きで鎌倉へ下り、時頼の造営した大伽藍、巨福山《こふくさん》建長寺の開山となった。同寺はこの時から鎌倉禅林の中心となる。1259(正元元)年再び入洛して建仁寺十一世として入寺、1261(弘長元)年までの間に建仁寺を栄西の禅密兼修の寺から純粋な宋朝禅の寺に変えた。建仁寺が「学問づら」といわれたのは、おそらく道隆の法風からきたものだろう。

無学祖元《むがくそげん》（1326～86）

南宋明州慶元府の生まれ。径山《きんざん》・無準師範《ぶじゅんしばん》の門弟。北条時宗の招きで1279（弘安二）年に鎌倉へ入って、円覚寺、建長寺の住持となったため、京都と直接の関係は生じなかったが、その門下から南禅寺二世規庵祖円、天龍寺開山夢窓疎石らが出て、間接的に京都の禅門興隆に大きな役割を果たした。

また来日こそしなかったが、同じく南宋の虚堂智愚《きどうちぐ》（1185～1269）は日本からの留学僧南浦紹明《なんぽしょうみょう》（大応国師　1235～1308）がその衣鉢を受け、紹明の弟子宗峰妙超《しゅうほうみょうちょう》（大燈師　1287～1337）が出て大徳寺を開山し、さらに妙心寺開山の関山慧玄《かんざんえげん》（1277～1360）に繋がっていく。虚堂の遺偈《ゆいげ》は「破れ虚堂」として名高く、京都の富商・大文字屋が所蔵し、のち茶会で多く用いられた。福建省の生まれで江蘇省、浙江省の各地で歴住した月江正印《げっこうしょういん》（1267～1350）も、日本の禅僧が帰国に際して争ってその墨蹟を求めたので、その墨蹟が後世によく伝えられている人である。

室町時代に入ると、五山の宗教活動、学問研究活動の中心は京都に移った。その頃南禅寺は京・鎌倉五山の上に置かれ、京都五山の位次を天龍、相国、建仁、東福、万寿と定めた。また十刹の制も整い、京都では等持、臨川、真如、安国、宝幢寺鹿王院、普門、広覚、妙光、大徳、龍翔の諸寺がそれに擬せられた。これらの禅宗寺院の僧侶の語録、偈文集、詩文、行録、禅儀などは、総称して五山文学と呼ばれている。その中心は何といっても漢詩文であって、これらの中国の学芸が当代の日本人の最高の教養とされたのであった。これらの教養の原典はいずれも漢字の典籍であり、その典拠、故実、注釈の下し方などに通じることが教養人の第一条件とされた。

中国へ渡った僧はいずれも仏典だけでなく、儒学の教典や詩文集も携えて帰国した。将軍家をはじめ、上層武家ももはや宮廷の有職故実に通ずるよりも、中国文明の流れを受けた新来の文物に憧れた。彼らはしばしば禅院を訪ねて参禅した。歴代の足利将軍の師は尊氏の夢窓疎石、義満の春屋妙葩や絶海中津のように、代々顧問格に禅の高僧を重用した。また同時に中国、朝鮮との外交の実務に彼らをあたらせ、その文書を起案させた。また渡来の文書を翻訳させた。彼ら禅僧が刊行した典籍や詩文は日本でも覆刻されて流布した。のち、これらは五山版と呼ばれている。五山版の版行のうち、一部に中国などから渡来した彫工の手によるものが現われた。版刻という専門知識を必要とする作業で、しかも大量の版木を一度に製作するには、多くの優れた版木の彫刻師を必要とする。そこで五山で刊行計画が立てられると、明国から彫刻師を招いてその製作にあたらせた。

たとえば、１３７１（応安四・建徳二）年、天龍寺の春屋妙葩の命によって刊行された『宗鏡録』には、良甫、孟栄、伯寿以下、多数の中国人とみられる彫工の名がある。また京都で独自に翻刻出版されたものの中に「博多版」と呼ばれるものがあった。この版は博多で刊行されたのではなく、嵯峨に住んだ兪良甫という明国人の学士が自費出版したものである。これが博多版と呼ばれたのは、良甫が博多を経て京都へやってきたことが知られていて、それで兪良甫の刊本は博多伝来の本という意味でそのように呼ばれたらしい。良甫が出版した本はすべて北朝年号が記されており、当時南朝方が支配していた博多で出版されたとは考えられないのである。彼の自刻本にははっきりと「日本嵯峨寓居」と彫られている。

これら出版物もまた、京都へもたらされたこの時代の海外の文物の一つであり、当代第一級の知性が競って求めたものであった。

6 室町文化と東アジア世界〈南北朝・室町時代〉

金閣の美と日本国王義満

「金閣」――正しくは鹿苑寺《ろくおんじ》舎利殿の美しさには、誰もが異を唱えない。建物としての金閣の精巧さ、三層それぞれ異なった建築様式の組み合わせの妙、それに加えてその影を映す鏡湖池と周りの翠《すい》巒《らん》。そのあまりの美しさに犯すことのできない絶対の美と、逆にそれを破壊することの悪魔的蠱惑《こわく》にとりつかれた一人の青年がそれを焼く、という行為すら生じた。その衝撃的な事件は文学者たちの心を強く捉え、三島由紀夫、水上勉らの名作が生まれた。世の中の、美しい、と思われる存在は、時として猛烈な嫉妬と、それを我がものにしたいという欲望をかき起こす。金閣だけでなく、広隆寺の弥《み》勒《ろく》菩薩も同じ思いを無垢な青年に抱かせた。三島や水上の作品は、そこへ至る人間の不可知論的心情を文学に昇率させたものといえる。

ただ一つ、特に三島の作品に気になる表現がある。それは金閣が作られた時代を、暗い暗黒の時代として描いていることだ。「金閣の時代」は、けっして暗い時代ではなかった。どの時代も歴史の営みには光と影が寄り添うように重なってつきまとう。室町時代は戦乱に明け暮れたことが多かったため、多くの史家や文学者がそのような時代と感じたとしてもわからないではない。

室町時代は実はそうではなく、もっと輝いていた時代であった。そのことを早くからわかりやすく主張していたのは、花田清輝や山崎正和ではなかったかと思う。山崎はその『室町記』で支配のタガが緩んでいた室町時代は、文化という側面から見るともっともっと輝いていた時代であった、という。私もまったく賛成である。ただ私は、その明るさがどこからやってきたのか、どこから金閣を生み出すような美意識が生まれたのか、ということにもう少し踏み込みたい。そして「金閣」そのものが単に美的鑑賞用として造られたのではなく、また単にそれを作った足利義満が豪奢を臣下にひけらかすためのものではなく、実は国際的なひろがりの意識とプランのもとで造られ、かつ用いられた、と考えたい。

父義詮《よしあきら》の没後、足利義満（1358〜1408）はわずか十歳で第三代将軍職を継いだ。幼少の頃は管領細川頼之の補佐を受けたが、政治家としての義満は若年より抜群の素質を持っていたのであろう。成人に達するや、祖父尊氏以来の足利政権にとっての重要課題を次々と片付けていった。まず1371（応安四・建徳二）年、今川了俊を九州探題に任じて、独立王国化していた南朝方の懐良《かねなが》将軍府を圧迫し、のちには了俊を召還して九州方面の支配を中央に一元化した。ついで1392（明徳三・元中九）年、後亀山天皇の南朝を合一、実は吸収して、六十年ぶりに南北朝対立を解消し、名実ともに足利将軍家の正統性を明らかにした。また1399（応永六）年には西国の雄、大内義弘を堺に破った。義弘はこの少し前に造営が始められていた鹿苑寺金閣について、「吾が士弓矢をもって業《なりわい》となすのみ。土木に役すべからず」として人馬の供給を拒《こば》み、義満の朝日が昇るような権勢に抵抗したが、それもむなしかった。さらに関東でも半ば独立し、鎌倉公方として任じられていた一族の足利氏満、満兼らを屈伏させて、ほぼ全国を再統一した。義満治政の前半はこれら地方の独立政権や有力な守護大名との抗争に費やされた。それほど京都の足利政権の軍事的基盤は脆く、また直轄領も少なかったために財政基盤も十分とはいえなかったのである。

国内をほぼ手中に収めた義満は、国外に目を向けた。その頃の東アジア情勢は新たな展開の局面を迎えようとしていた。中国では１３６８年に洪武帝（在位１３６６〜９８）が即位、明帝国が成立した。長く中原を支配していた異民族のモンゴル人は、遠く西方に追われた。朝鮮半島では１３９３年に李《イ》成桂《ソンゲ》将軍（在位１３９３〜９８）が即位、高麗国に代わって新たに朝鮮国を建てた。日本で南北朝合一が成った翌年である。また、シャムでは１３５０年にアユタヤ王朝が成立している。このように東アジアの国際情勢は大きい変わり目を迎え、特に漢民族大帝国である明の成立とその対外政策は周辺諸国に直接及んできた。中国皇帝の伝統的な外交方針は、中華思想による冊封体制である。政経不可分の朝貢・回賜という形式をとって、周辺諸地域の安全を保障し、勘合貿易によって有無を通じ、皇帝の光威を諸外国に及ぼそうという体制である。周辺の諸国は好むと好まざるにかかわらず、その体制に組み込まれるか、離脱して孤立的な生き方を探るかの選択を迫られる。

その頃、中国沿岸から朝鮮、日本の西南近海にかけて、中央政権の解決を待っているもう一つの課題があった。それは倭寇《わこう》である。その頃の倭寇は九州の三島地方（対馬、壱岐および松浦半島周辺から五島列島）の武装海賊で、近海に出没して米・豆および奴隷として用いるための男女の人間を有無をいわせずさらっていた。中国人が主流となった後期の倭寇と区別して、前期倭寇という。倭寇禁絶の要求は、先代の高麗王朝からもたびたび使節がやってきて、足利将軍にその取り締りと被擄人の送還をしきりに迫っていた。義満の時代になって、朝鮮王朝からも同様の制禁を求める使節がやってきた。1392（明徳三・元中九）年のことである。しかし義満はこの使節に直接返書をしたためず、相国寺の絶海中津の名で倭寇禁圧、被擄人送還の努力をすることを述べたにすぎない。

明国からは1369（応安二・正平二十四）年に入貢と倭寇禁絶を求める国書を持って、使節が初めて来日した。当初、明の使節は九州の懐良《かねなが》政権を正統政府と誤認していたため、京都の足利政権との接触はやや遅れた。これに対して義満は1374（応安七・文中三）、1380（康暦二・天授六）年の両度にわたって明帝に遣使しているが、いずれも「表文」がないために通交を断られた。ここでいう表文とは、明皇帝に対し、藩属国の国主として臣下であることを明らかにした書簡を携えて行くことである。このことをはっきりさせない限り、明との通交はあり得ないし、貿易も許されない。そして朝鮮国との通交、通商も勝手に進めることもはばかられる。幸いなことに、義満は公私ともに国際派の人物に恵まれていた。少年時代に薫陶を受けた春屋妙葩や絶海中津ら禅僧たちは、外交文書を製述する役目を負い、古今の外交遺例も教養としてよく知っていた。また、たまたま「天竺聖《てんじくひじり》」（生没年不明）と呼ばれる僧がいて、彼は絶海中津が入明した時の旧知であった。この人物がインド人であるか、あるいは他の南方の人かよくわからないが、ともかく中津の紹介で義満のブレーンの一人となったらしい。彼は日本人の女性と結婚し、土倉業、つまり高利貸を経営して、この時代に稀な外国人事業家として成功を収めていた。また、肥富《こいつみ》（生没年不明）など博多の商人もいた。これらの国際通たちから、中国の冊封体制とはどういうものであるか、また中国や朝鮮との貿易がどのような利益を生むか、中国・朝鮮の産物や商業はどうなっているのか、さらに日本の西南の海域のことや航行の安全性などについても、義満は盛んに知識を吸収したと思われる。したがって、中国・朝鮮との外交関係を開き、東アジア世界の一員として日本が積極的に加わっていくことが、日本としても、足利政権としても安全で有利であると判断したにちがいない。この頃、周辺ではすでに新興の朝鮮国も琉球国も明の冊封を受けている。

けれどもこの新しい外交体制を開くことについては、もう一つのハードルを越さなくてはならかった。それはもはや名ばかりの権威にしがみついている京都の宮廷とその取り巻きの公卿、学者たちの名分論である。彼らはモンゴル襲来の時もあわてふためいて社寺に異国調伏の祈禱を繰り返すだけで、何の役にも立たなかった。ところが故実にやかましく、天皇から宣下を受ける将軍が外国と外交関係を結び、あまつさえ臣下の礼をとる、ということになれば轟々《ごうごう》の非難を浴びせてくる。その非難をかわすためには、まず将軍職から離れなければならなかった。

かくて義満は、１３９４（応永元）年に義持に武家の棟梁たる将軍職を譲り、太政大臣となって公家の最高位に昇ったのち、やがてそれも辞して、准三后《じゅさんぐう》となった。これは皇太后、太皇太后に次ぐ、という意味である。要するに公・武の両面にわたって最高権力者の地位に就き、今度はさらにその双方を統《の》べつつ、しかも名分にとらわれない自由な行動半径を設定した、とみることができる。このあと義満は太上法皇として振舞い、寵愛する末子義嗣に親王宣下をするなど、皇位簒奪《さんだつ》の計画があったといわれるが、それは別の問題である。准三后の時点で、ようやく彼は大明国や朝鮮と付き合いのできる自由を確立した。

１４０１（応永八）年、義満は新築成った北山殿、すなわち今の鹿苑寺金閣で「沙汰始めの儀」を行なった。そして、僧祖阿（生没年不明）と九州の商人肥富《こいつみ》を使者として国書を明皇帝に奉呈させた。それには「日本国准三后道義（義満の法名）上書大明皇帝陛下」と書かれてある。また、１４０３（応永十）年の遣使の持参した国書は「日本国王臣源」で始まっている。かくて日明間の国交は開始された。１４０２（応永九）年、明使天倫道彝《てんりんどうい》、一庵一如《いちあんいちにょ》（ともに生没年不明）は北山殿に迎えられ、義満は明皇帝の国書と大統暦を受け、盛大な宴席が張られた。金色まばゆい舎利殿金閣は、その周辺の殿舎・堂塔とともに使者の目を大いに楽しませたにちがいない。

翌１４０３（応永十）年、高麗人使者が北山殿に迎えられている。（『吉田日次記』）朝鮮との名乗りの関係は、先方からは「日本国王源道義」、こちらからは「日本国源某」である。明の場合と違い、対等関係を示すため「臣」の字はない。そして義満は明の冊封関係に入ることと引き換えに勘合符百枚を受け、日明公貿易ルートを独占した。入貢・回賜に伴う大量の礼物とともに、勘合貿易による銅銭は、幕府の財政をこの上なく潤すこととなったのである。そればかりか「日本国王」としての地位を得たことは、たとえそれまで例がなくとも、あまたの守護大名や朝廷をさえ抑える新しい権威が生まれたことを意味し、しかもそれは大明帝国が公式に承認した政権の代表者であった。

西園寺時代の北山第《きたやまてい》を改めた「北山殿」はそのようにみてくると、「花の御所」を義持に譲ったあとの義満執政の場所であるとともに、外国の使節を迎えるゲストハウスでもあった。当時は舎利殿の他にも多くの殿舎が周囲にあり、その華麗な偉容は外国使臣に対して日本の文化と富を誇示するに足るものだったろう。ここに一説に百万貫を費やしたとされる北山殿のための投資の意味がある。単に贅《ぜい》を尽した義満の道楽普請ではなかったのだ。しかも建築様式をとってみても、屋上の鳳凰も中国風なら花頭窓や桟唐戸など中国伝来の禅院様式があふれ、天竺様といわれる挿肘木《さしひじき》などが取り入れられた当世東アジアに通用する最新の様式が用いられている。義満の教養と美意識には、これら東アジア全体を視野に収めるひろがりがあったといってよいだろう。金閣の美とは、まさに十五世紀初頭の東アジア世界に燦然《さんぜん》と輝くモニュメントとしての美であった。

室町時代の対外関係と文化はすべて義満の時代から発している。勘合貿易のため渡明した遣明船は１５４７（天文十六）年の策彦周良《さくげんしゅうりょう》（１５０１〜７９）の二回目の渡海まで、全部で十九回の渡海があった。明の使節は１４３４（永享六）年が最後の来日である。進貢・回賜と勘合貿易による輸入品は、白金（銀）、紵糸、銅銭、絹、布、薬、書画など。輸出品としては、銅、蘇木、硫黄の他、太刀、屏風、扇などの工芸品であった。

室町時代も中頃になると、遣明船の様子もかなり変化が見える。それは幕府直営船が減少し、代わって大内、細川などの大名船と、三十三間堂、天龍寺、伊勢法楽舎、大乗院、相国寺などが仕立てる寺社船が大半を占める。先年韓国全羅道の新安《シナン》沖海底から引き揚げられた多くの財宝を積んだ船も、東福寺にかかわる船らしい。この船には中国のさまざまな工芸品のほか、高麗青磁、日本の瀬戸焼、さらに東南アジアの薬材、香辛料や大量の中国貨幣などが船載され、当時の東アジアの交易状況を示している。さらにこの他に九州の商人などの私貿易船があって、日明間の貿易は後述する日朝貿易と同じように多重的な構造を持つようになった。寺社船とは京都を初めとする寺社が寺々の新修、再建の費用を捻出するために海外貿易によってひと儲けを計画した渡海船で、その利益の大半はそれぞれの寺社に帰属する。大名の場合は、利益はそれらの守護大名の財庫に吸収され、西国商人たちは寺社、大名船に渡海を請け負い、仕入れ、売り捌き、移送に従事して、しだいに富を築いていく。

こうして博多・堺などに貿易商人・納屋商人が現われる。そして輸出品のうち、工芸品はその大半が京都で生産され、また輸入品は最大の消費地である京都へ運ばれることが多かったから、京都の町衆たちの懐も急速に豊かになっていった。祇園祭が応仁・文明の乱前、すでに鉾《ほこ》町の町衆によって催され、その豪華さを競うことができたのも、それまでの土倉衆とともにそれらの工芸品を製作・販売していた京中の商工業者ら洛中富家の経済力が成長していたからだ、と考えてよい。

朝鮮王朝との通交・通商

もう一方の対外関係の相手、朝鮮との交際も、先にみたように義満の時に始まった。明との勘合貿易関係は十五世紀半ば以降、十年一貢、船数三、人数三百人以内と制限され、貿易の主体も商人が中心となり、私貿易に拡散していく。朝鮮との関係も相似たような経過を辿るが、両国の中間地域にある対馬宗氏の存在と、倭寇禁絶にかかわる貿易の役割が大きかったこと、朝鮮王朝時代、特に世宗《セジョン》（在位1419～50）治政下の対日修好政策によって、対日関係の安定と日本側からも積極的な対朝貿易が行なわれた点にその特徴がある。朝鮮国からは数回の回礼使・通信使の渡日があった。そのうち、1420（応永二十七）年の回礼使節宋希璟《ソンヒギョン》の記録『老松堂日本行録』は、一行の日本見聞、特に京都で過ごした約二カ月間の記録で、その頃の京都の風物・風俗をいきいきと描き出していて興味深い。また1443（嘉吉三）年に通信使一行の書状官として随行してきた申叔舟《シンスクチュ》の『海東諸国記』

は、彼自身の見聞を基に、日本の地勢、政治、産業、文化を国ごとに便覧としてまとめた優れた日本学入門書である。

さて、室町時代の十五世紀から十六世紀にかけて、朝鮮へ送られた「日本国王使」は六十回以上に達する。八代将軍足利義政（１４３６～９０）にいたっては、一代で十七回も自己の名と印章を用いた使節を派遣している。これはもっと注目されてよい交流の足跡であろう。交流が活発に行なわれた理由としては、中国派遣船の場合と同じく日本側に貿易の巨利があったことが挙げられる。国王使に対してては朝鮮王朝では礼を尽して、持参してきたものの対価以上の報聘の品々、特に日本でその頃必需品であった木綿、綿布、絹布などの繊維半加工品を贈った。これに倣って、中国の場合同様に、大内氏などの守護大名、西国の小大名も争って渡海した。

この中世の日朝交流に異彩を加えているのが高麗大蔵経である。この時日本の使船が求め続けた大蔵経というのは、朝鮮の前王朝である高麗時代に十六年の歳月をかけて製作された一大経巻である。日本ではこのようなまとまった大経典がなく、またこの頃武家の庇護によって各地で大きな禅宗寺院の開創が相次いでいた。大蔵経はそれら大寺院の寺宝としてまことにふさわしい、とみられたにちがいない。すでに義満の時代の日本国王使から大蔵経を求めることが始まっていた。時には、貴国は儒教を国教としているから、仏典はもはや不要であろう。経板そのものを譲られたい、という使者まで現われた。また１４２３（応永三十）年の使節、圭籌と梵齢（ともに生没年不明）は、大蔵経板の求請が認められるまで絶食する、といって半ば脅迫的に経板を得ようとした。朝鮮側では対日善隣友好関係を維持するという原則を通す以上、これをみだりに断ることは友好を損なうとして、できるだけその要求に応えていたが、刷板の費用もかかり、原板の消耗も激しく、ほとんど毎回の請求には応えられない事態にまで陥った。

前述のとおり、義政の時代は十七回、将軍襲職後はほぼ二年半に一回の割で使節を派遣した。義政の使節派遣の名目は「国王使」であるとともに寺社の助縁、すなわち経典整備と資金カンパを名目に掲げることが多かった。その募縁元の寺名と使者名を挙げると次のとおりである。

1448（文安　五）年　南禅寺　国王（義政）使　僧大渓・正祐
1456（康正　二）年　美濃承国寺　国王使　僧承伝
1457（長禄　元）年　建仁寺　国王使　僧全密・永嵩・慧光
1458（長禄　二）年　天龍寺再建のため遣明使の先導を求める　国王使　僧盧円・柴江
1462（寛正　三）年　大和天台宗某寺　国王使　僧順慶
1463（寛正　四）年　天龍寺　国王使　僧俊超・梵高
1468（応仁　二）年　薬師寺　国王使　僧融円・宗礼
1474（文明　六）年　高野山西光寺　国王使　僧正球
1482（文明十四）年　大和円城寺　国王使　僧栄弘
1487（長享　元）年　越後安国寺　国王使　僧等堅

この他の年も毎年のように仏典・仏具その他の求請をたて続けに行なっていた。一四四八（文安五）

年の南禅寺の時は、同経七千余巻を求めている。建仁寺については、一四五七（長禄元）年の国王使が同寺の全密・永嵩らであり、多額の銭幣の特賜を乞うたが、朝鮮からは一万貫の銅貨とともに大蔵経一部、石灯盞五、その他の縁具と綿紬、苧布、麻布などが贈られた。幕府は船舶のもたらした銭一万貫と大蔵経六百四十二函を建仁寺に寄付し、開山二百五十年忌を迎える同寺の諸堂修造の費にあてた。（『蔭涼軒日録』）義政はこの大蔵経の到来をよほど待ち望んでいたのであろう。さっそく鹿苑院の瑞渓周鳳《ずいけいしゅうほう》（1391〜1473）を相伴させて建仁寺に行き、慈視閣に納められている黒漆塗りの函に入った大蔵経を見学したことが、周鳳の日記『臥雲日件録』に書かれている。

天龍寺の場合は1448（文安五）年に付け火により出火、多宝院、雲居庵などを除いて一山ほとんどが焼亡した。天龍寺は高麗国の頃より朝鮮使節の宿泊、休息にあてられることがたびたびあった。それとの関連があってかどうかわからないが、まず1458（長禄二）年、もと日本で被擄であった二人の中国人が義政の使節として朝鮮に着き、明への帰国を許されたので明へ向かうが、その時天龍寺造進のことも請うので一行の先導を願いたい、という。朝鮮ではその対応に苦慮したらしい。ついで1463（寛正四）年に天龍寺の西堂俊超《しゅんちょう》、首座梵高《ぼんこう》（ともに生没年不明）の二人が使節として再建の造営費にあてるという計画で派遣され、銅銭でも布貨（木綿・綿糸）でもよいから頒賜されたい、といった。時の国王世祖《セジョ》（在位1456〜68）は布貨六百匹を回賜してこれに応えた。

このように朝鮮に寺社募縁を求めた勧進船によって大蔵経をはじめとする多くの仏典が、京都その他の寺院の経蔵のために求められた。その後の焼亡がない限り、それらの経典は今も寺庫に納められているかもしれない。またこの時期に創建または再建された寺院の建立そのものにも、中国・朝鮮との善隣関係が結ばれていたために、巨額の援助を求めることができたのだ。

義政の時代は応仁・文明の大乱の最中《さなか》にあった。しかしその間も義政とその周辺の者たちは朝鮮に「日本国王使」船を出し、「唐物」や仏典を輸入することにいとまがなかった。だが大乱のため京都は灰燼に帰し、「汝ヤ知ル都ハ野辺ノタ雲雀アガルヲ見テモ落ツル涙ハ」という状況になってしまった。その一方で、海外とのこのような文物の交流が将軍や大名・大寺院によって続けられていたのだが、大乱後、再び京都の文化が途絶えることなく息を吹き返し、次代に継承されていった一つの理由がここにある、といえよう。

一六世紀中頃になると対馬主島の宗氏は朝鮮との交易の独占を狙い、朝鮮王朝の官職を得る一方、条約を結んで一時は朝鮮の南部に三港の開港場を得たり、渡航許可状である「図書」の発給券を得て他の大名とは異なる特権を確保しようとする。他方、西国の大名たちは勝手に「日本国王使船」を仕立てて朝鮮との交易をはかる。いうところの「偽使」である。先ほどの義政期の募縁船にも「偽使」は含まれている可能性は高い。このような多様、多重な日朝関係のうちにも朝鮮の文物は西日本各地にひろまっていったのである。

唐物荘厳の世界

「唐物荘厳《からものしょうごん》」という言葉がある。この「唐」というのは、いうまでもなく「唐王朝」のことではなく、中国・朝鮮その他広く外国産の珍物を指す言葉である。唐物が日本に大量に輸入され、上層の武家、禅僧、公家衆に愛好されるようになったのは、鎌倉時代の末、宋からの禅僧の渡来、日宋貿易の展開による。吉田兼好は『徒然草』の中で「唐の物は薬の外はなくとも事かくまじ」「もろこし舟のたやすからぬ道に、無用の物とものみ取り積みて、所せまく渡しもてくる、いとおろかなり」と批判しているが、日明貿易を軌道にのせた足利義満は、大の唐物ファンであった。１４０３（応永十）年に明船が渡来した時には、わざわざ兵庫まで出向いて見物している。彼の愛蔵した宋・元の画軸は、今日伝世しているものだけでも二十三点を越えるという。（林屋辰三郎『図録茶道史』他）

南北朝の争乱を勝ち抜いて京都、畿内において社会のトップレベルに馳せのぼった上層の武家は、その実力にものをいわせて、戦場から離れた都の生活や遊宴の場では、誰はばかることなく豪奢を競った。「ばさら大名」といわれた佐々木道誉《どうよ》（１３０６～７３）、高師直《こうのもろなお》（?～１３５１）らがその代表で、彼らは公家、権門を無視して傍若無人の振舞いをした。義満もまた後小松天皇を北山殿に迎えて連日の宴席を張った。

そのような中から「闘茶」の遊びが起こり、やがて書院造の定着とともに「殿中茶儀」として室内の茶会が上流階級の中に普及してゆく。

ところで、書院造は畳の生活が日本に定着する契機であり、一大住宅革命とでもいうべき生活様式の変化があったわけであるが、その書院の床を荘厳するモノを必要とした。そこに唐物が珍重される時代の背景があった。床を飾る絵画、書軸、三具足の置物（燭台・香炉・花瓶）がまず必要であった。ついで茶を喫するに具合のよい陶磁器製の茶碗がなければならなかった。さらに茶会を楽しむためのさまざまの茶道具が求められた。日明貿易を通じて舶載されてきた宋・元・明代の絵画、台子《だいす》、唐銅《からかね》の道具類、建窯などの天目《てんもく》茶碗、大海茶入、象牙茶杓《ちゃしゃく》などが書院の茶の湯を飾った。

1483（文明十五）年にまず常御所の完成をみた義政の洛東の東山山荘、今日いうところの銀閣寺（正しくは慈照寺）は、義政遊宴の場であり隠棲《いんせい》の場でもあったわけだが、この山荘を舞台としたさまざまの遊宴は当時の上層階級の文化意識を見事に象徴していたといえる。

『君台観左右帳記』は、書院・客間の左右にある画人の格付け表と、絵入りの書院飾り付け法の書である。その画人の格付けに出てくる人物は、徽宗《きそう》皇帝（在位1100～25）をはじめ、ことごとくが「唐人」であった。この唐物の鑑定には将軍家御用の唐物奉行があたり、それに登用されたのは、能阿弥、芸阿弥、相阿弥（ともに生没年不明）らの脱俗、遁世の容姿をした「同朋衆《どうぼうしゅう》」であった。彼らのあるものは賤民視されていたが、庭園造りといい、この唐物鑑定といい、あるいは芸能の世界においても、彼らがこの頃の日本文化形成の実質的な担い手であった。

『山上宗二記』によれば、義満、義教（六代将軍）の頃より唐物、絵賛は見事に集まり、「東山慈照院殿（義政）の御代、名物悉《ことごと》く集り畢《おわ》んぬ。花の御所様（九代義尚）へ御家督を譲りあそばしし時、明光院殿其《そ》の御後見として都に残り給い、御名物少々御授与し玉う。其の外に七珍万宝は其の数をしらず」とある。義政は手に入れた唐物をことごとく東山殿へ持ち込んで、日夜の遊宴を楽しんだのであろう。このように、茶会の催しに必要な「数寄《すき》」とは、この時代、唐物数寄であった。唐物に対する鑑賞眼、中国の故実に関する知識が、茶会を主催する主人側の教養として不可欠なものとされた。ここに茶の世界は、禅院茶礼から脱け出し、独自の文化的領域を拓いた。

高麗物すなわち朝鮮国からのものはやや遅れて日本の茶の世界に登場した。茶会記などに高麗茶碗の用いられた例が頻出するのは、天文から永禄（1532～70）年代にかけての頃である。唐物（中国物）は書院茶の時代にほぼ対応してもてはやされた。村田珠光（？～１５０２）やその子村田宗珠は下京茶湯を主宰し、上層町衆の登場とともに、草庵茶、侘《わ》び茶の流行となった。その頃は唐物では求め得なかった大らかさ、素朴さを持った高麗物が珍重されるようになったのである。井戸、熊川《こもがい》、三島、刷毛目、伊羅保《いらぼ》、金海などの朝鮮半島産の名物が盛んに大名や京・堺の町人にもてはやされた。「一井戸、二楽、三唐津」と囃されるようになるのも、間もなくである。その流れは宗珠からやがて武野紹鷗《じょうおう》（１５０２～５５）、千利休（１５２２～９１）へと続いていく。そして村田珠光のいう「此道の一大事ハ、和漢之さかいをまき《（ぎ）》らかす事、肝要〻、用心あるへ《（べ）》き事也」（村田殊光「古市播磨法印宛の一紙」）という境地は、茶の湯の文化にもう一つの新しい時代が到来しつつあることを物語るものであった。

室町時代の文化は今日の日本の伝統文化の中核を形作っているといってもよい。書院造の建築はのちの和風建築と畳の生活の出発点であったし、茶の湯、いけ花、能・狂言などの技芸・芸能は、その後の日本人の文化生活をさまざまに彩ってきた。京都という都市を中心に経済的実力をつけてきた民衆の力が、それをさらにひろげていく要素となってきた。戦乱と支配秩序が崩れゆく過程で、古代的な身分制、位階制は滅び去り、上下の区別感覚、差別意識がある程度解消し、のびやかな生活感覚が育ち、都と鄙《いなか》の交流も盛んになった。

その室町文化の基層になったのは、みやこ・京都に流入してきた中国・朝鮮などの文物であった。将軍家、諸大名、寺社、小豪族、さらには海賊まがいの商人まで、実に多様な人びとがこの海外との文物交流に加わった。近年、韓国の金羅道の新安沖の沈船から引き揚げられた遺物には「東福寺」の木簡があったことから仕立てた者が明らかになった。この沈船からは膨大な中国貨幣とともに中国・朝鮮のさまざまな陶磁器が大量に船載したこともわかっている。その海外の文物との出合いが、人びとの美意識、価値観にさまざまに働きかけた。また在来の文物や価値観との混淆《こんこう》も起こった。このようなのびやかな価値観が、この時代の文化意識の主流であった、とみてもよいだろう。京都の町に輝いた中世の光は、海の向うからの光でもあったのである。

Ⅱ．西洋との出会い・朝鮮との新たな交流〈近世〜近代〉

1 南蛮人と京都〈安土桃山時代〉

鉄砲と神の文化大革命

十六世紀の半ばから十七世紀の二十年代まで、約七十年の時代は、日本と日本人にとっては「未知との遭遇」の日々であった。それまでの日本人の知っていた海の向うの世界は、朝鮮、中国（時には震旦と呼ばれた）、それに天竺（インド）と、その周りの琉球、蝦夷などごく周辺の地域だけであった。しかし、琉球国でさえ時として「南蛮」であった。十四世紀の末に若狭（福井県）に漂着した「南蛮船」は象を積んでいて、どうやら東南アジアの荷だったらしいが、それらの人はすべて南蛮人と呼ばれていた。もっとも平安の昔、遣唐使として中国の首都長安へ派遣された人はペルシア人などの胡人（西域諸国人）のことを知っていたし、中国へやってきていた外国人からは東南アジアのこともうすうす聞かされていただろうが、それらはごく一部の人びとの知識でしかなかった。

そこへ二つの衝撃的な事件がたて続けに九州南部で起こった。一つは１５４３（天文十二）年に種子島に漂着した船にポルトガル人が乗っていた。彼らは鉄砲という最新兵器を携え、それを領主の種子島時尭《ときたか》（１５２８〜７９）は譲ってもらったと『鉄砲記』は述べるが確証はない。船主は倭寇の王直ではなかったかという説も有力である。

もう一つはそれから六年後の１５４９（天文十八）年にイエズス会の宣教師フランシスコ・ザビエル（あるいはシャビエル　１５０６〜６３）が鹿児島に上陸した。こちらのほうは、キリスト教布教という使命に燃えて日本の土を踏んだ。

この二つの出来事はたまたま発生したことではなかった。ポルトガル人はすでに外洋の航海に習熟し、大船を操《あやつ》ってインドから東南アジアにかけて中継貿易を大々的に営んでいた。インドのゴアを確保し、中国南岸のマカオを手に入れた彼らは、そこを足がかりとして、ヨーロッパの工芸品やオリーブ油、銀貨を持ち込み、東南アジアの香辛料・薬材などの特産物と交換し、中国へ薬材やその他の東南アジアの産物を売って中国の生糸、絹を買った。このような大規模な商業貿易が現われると、小さな琉球王国の貿易はすぐに彼らにとって代わられてしまった。また彼らはキリスト教（カトリック）の宣教師を伴い、彼らを派遣して相手の国情や産物、風俗などを調べさせた。宣教師のほうは布教の手段として商人たちが自由にできるさまざまな珍しい財貨を携え、貿易の利を説きながら布教した。つまり貿易と布教がメダルの裏表になっていたのである。彼らがやがて琉球商人や倭寇のテリトリーである東北アジア近海に北上してくるのは時間の問題であった。

それはともかく、この二つの衝撃的な出来事は、たちまちのうちに日本全土に波紋を呼んだ。鉄砲のほうは数カ月以内に日本人がその製法を覚えたとされる。そして、すぐに大量生産に成功し、戦国の群雄は競ってそれを求め、従来の野戦の戦法を一変させてしまった。キリスト教布教のほうはザビエル自身の滞日は二年余りにすぎなかったが、やがて彼の播いた種は芽を吹き、彼の初志を継いだ宣教師たちが続々と来日して布教を展開した。それに伴ってポルトガル船は九州の各地に来航して、いわゆる「南蛮貿易」が始まり、西国の大名たちはその利益の大きさと珍しさに魅せられて、そのとりこになってしまった。

このような急激な時代の変化は、同時に当時の日本人のこれまでのものの見方を根底から覆《くつがえ》すものを持ち込んだ。その一つは、先に述べた世界のひろがりである。いきなり地動説が入ってきたわけではないが、天竺はおろか、数千キロの先にも世界があったこと、そしてそこからの往来をポルトガル人たちは平気でやってのけていること、今まで知らなかった皮膚の色や顔つき、身体《からだ》つきの異なるさまざまな人種がこの世にいることなどを知った。これはそれまでの中華的世界観の崩壊を意味した。一所懸命、中国を見倣い、それと同等に立とうとして振り回してきた日本的小中華観は、一気に崩れ去った。それは江戸時代に入って、この衝撃の時代を乗り越えたあとで、形を変えてもう一度再構成されなければならなかった。

次に、地上のすべての権力を超える存在、つまり絶対的な存在としてのカミというものを知ったことであった。ここで日本人は初めてカミらしいカミに出合ったといってよい。仏教は日本に入ってきた時すでに多神教であったし、簡単に土俗のカミと習合した。釈迦一神教を目指す禅宗や法華の教え、阿弥陀《あみだ》一神教を唱える一向宗もありはしたが、ほどなくそれらは日本化し、権門化して絶対神ではなくなっていた。絶対者の救いの前には死生も超絶できるという強烈な信仰心を、当時の日本人は初めて知った。この点でザビエルと彼の属したイエズス会のような厳格な戒律主義者、理性主義者が布教の先鞭をつけたことは、日本人にとっても幸いであった。また、宣教師たちは日本人の教養と知性を尊敬し、名もなき人びとの生きざまに共感して、彼らの信頼を勝ち取ることができた。

そのことは彼らが述べた多くの日本報告書に正直に述べられている。第三にポルトガル人、のちにはスペイン人、オランダ人、イギリス人も含めて、彼らの持ち込んだ西洋の文物は、どれをとっても日本人のそれまでの世界認識、天体観、技術の体系とまったく異なる原理に根ざしていた。鉄砲一つをとってみても、そこに込められているネジの原理を持たなかった日本人にとっては驚異の技術であったし、またそれを学びとることで新しい兵器をわがものとすることができたのである。

たとえていうと、これははるか明治時代に先立つ「文明開化」の到来であった。そしてこれらをいち早く取り入れようとした信長、秀吉、家康らが、他の群雄を抑え、天下一統に成功したのも偶然ではないだろう。

以上の三つの文化大変革は、その頃日本の政治、経済の一大中心地であった京都にもすぐさまその影響をもたらした。第一に挙げた地理上の世界のひろがりのことは、歴史の展開に直接結びつくものではない。したがってここではあとの二つ、すなわちキリスト教の布教と西洋文物の到来に関して、京都の変わり方、受け方を辿ることにする。

宣教師の見た京都

まず、その頃宣教師によってミヤコ地方と呼ばれていた京都近辺のキリシタン布教と禁教、そしてその足どりを残す遺跡をひととおりみてみよう。

フランシスコ・ザビエルは日本開教を決定した時から、京都布教こそ日本人教化の上で最も大事であると考えていた。それはザビエルが彼を日本へ導くことになった薩摩のヤジロウ（またはアンジロウ）に、布教成功の見通しを尋ねたとき、「パーテレの言行が一致し、かつその教えが彼らの疑問を解くことに成功するならば、上は貴顕から下々までみんなキリスト教徒となるでしょう。なぜなら日本人は理性を重んずるからです」と応えたことに強く心を動かされたからである。そこで日本到着後は一刻も早くミヤコへ行って、国王の布教許可を得ようとした。ところが京都へ入ったザビエルを待っていたものは、長年の戦乱で荒廃した市街と、その日の糧を求めてさまよう貧しい人びとの群れであった。幕府は名のみで、将軍は乱を避けて北白川の山砦に疎開し、人びとは天皇の居所も名すらも知らない、というありさまである。失望したザビエルは在洛十一日で京都を離れた。

次に宣教師たちが入洛するのは、１５５９（永禄二）年である。ヴィレラとロレンソ（ともに生没年不明）の二人が、京都開教の任務を負って豊後から堺・大坂を経て京都に向かった。当初彼らは市中に入らず、延暦寺へ向かった。開教にあたりその目的を述べ、無用の妨害を避けて、理詰めで僧侶たちを説得して許可をもらい、または改宗させようとしたものらしい。けれども一カ月余をかけてもラチがあかず、同年末下山、入洛した。幸運にもそのあと宣教師たちは、上京妙覚寺で十三代将軍足利義輝（１５３６～６５）に謁見を許される。堺のキリシタン医師が知己の建仁寺の正伝永源院庵主を紹介し、その縁で実現できたものらしい。だが布教のほうは容易に進まなかった。

最初の教会らしいものが建てられたのは、１５６０（永禄三）年六月のことである。それまで苦しい長旅を続けてやっと都へ入ることができたヴィレラとロレンソ、それに従者のダミアンの三人は、人びとの好奇と嫌悪の混じった目と戦いながら、その日その日の雨露をしのぐ場所にも事欠くありさまでであった。やっとのことで定宿できたのは四条新町西入ルの革ノ棚という所にあった「山田の後家」の家であった。ルイス・フロイスによれば、そこは、

ほんとうの納屋でこそなかったけれども、ごく古い、今にも倒れそうな掘建て小屋で、それがあまりの粗末さであったので、まるで馬小屋同然であった。その小屋は藁で葺《ふ》いてあったが、中は往来と大して変わりないほど雨が漏った。壁の代わりに周囲は細い蘆《あし》でかこってあって、前に一度塗ってあった土はもうまた剥げ落ちてしまっていた。寝床は裸土でこそなかったけれども、地面に敷いてある藁の上だった。

（ルイス・フロイス『日本史』）

という家だった。パーテレたちはこの家の主である後家に一カ月契約の賃借料を払って、ようやく居つくことができた。これは表通りではなく、賑やかな四条通の裏長屋であったと思われる。そのあと三人は中京区六角室町西入ル玉蔵ノ町の「クンダノユチョウという異教徒」の家へ移ったが、ここも山田の後家の家と同じようにみすぼらしい所であった。さらにそのあと四条烏丸の酒屋へも移るなど、下京界隈を転々としたが、それでもその周辺から遠く離れなかったのは、祇園祭の鉾《ほこ》町であった。その辺りは当時から人びとの往来が多く、街頭布教にもふさわしい所だと彼らが判断していたからなのだろう。

そして翌年夏、ようやく近くの姥柳町（中京区蛸薬師通室町西入ル）に古家を購入することができた。この間に宣教師たちは、その頃京都を実力で取り仕切っていた三好長慶（１５２２〜６４）や松永久秀

（1510〜77）と交渉して、将軍義輝とも再び謁見して内々の布教許可を取りつけた。そこでヴィレラはここを「我らの御主が都に置き給うた最初の（正式の）聖堂」とした。これが最初の、京都南蛮寺である。しかし間もなくヴィレラは堺伝道に出かけたり、松永、六角の争乱が市中で起こったり、比叡山からキリスト教宣教師追放、聖堂破却の強硬な申し入れがあったりで、この第一次南蛮寺は1565（永禄八）年頃には松永の党に接収されてしまった。この間に宣教師たちは、病者を助け、防火に協力し、飢えた人にはなけなしの食事を分って、人びとの信頼を少しずつ得た。そして信者もわずかずつではあるが増えたようである。

本格的な布教はヤジロウの提言とザビエルの確信どおり、信長の庇護を待たねばならなかった。新任の宣教師ルイス・フロイス（1532?〜97）が、信長の京都代官和田惟政《これまさ》（1532〜73）の紹介で信長と接見できたのは、1569（永禄十二）年三月のことであった。前年十月、将軍足利義昭（1537〜97）を奉じて入洛した信長は、さっそく義昭のために二条の地に居館を新造しようとして、工事の陣頭指揮にあたっていた。フロイスはその工事現場を訪ねることができたのである。その少し前のある日、フロイスは抜け目なく信長にヨーロッパ製の大銃、孔雀の尾、黒ビロードの帽子、ベンガル産の籐の杖などを届けた。信長はフロイスに対して、彼らが遠路と苦難の数々を乗り越えて献身的に布教する熱意がどこからくるのか、を問うた。フロイスは、世俗的な利益を求めず、人びとを救うことがゼウスの御心に叶うからこそ日本にはるばるやってきた、と答えた。その時、周りで耳をそば立てて聞いていた僧侶たちがいたが、信長は僧侶たちを指差して、

「そこにいるこの騙《かた》り者どもは、そなたのような輩ではない。彼等は庶民を誑《たぶら》かし、いかさま者、

嘘つきで、尊大甚しく、思いあがりきった者どもだ」と言った。フロイスはそこで、仏僧たちとの公開討論の場を設けられるよう、そして自由に都に滞在、布教できる許可を給わりたいと請うた。

その上でもし、その許可が得られれば、「信長の偉大さの呼び声が、インドやヨーロッパのキリスト教国のように、まだ信長のことを少しも知らない諸国民にも広まるだろう」というと、信長は嬉しそうな顔をみせた。

（ルイス・フロイス『日本史』）

という。

これからのち、京都での信長の勢力の消長によって、京都地方での迫害と布教は一進一退を重ねる。１５７９（天正七）年では都の信徒は三百人足らずであった。しかし京都の周辺では、内藤如安（?～１６２６）、高山飛騨守（?～１５９５）とその息子右近（１５５２～１６１４）、結城山城守（忠正生没年不明）、池田丹後守（生没年不明）などの武士たちが次々と入信して、教線は順調に伸びていた。これらのキリシタン領主たちの後援の結果、京都布教の拠点として、京都南蛮寺がもとの南蛮寺のあった所に、１５７６（天正四）年八月、サンタマリア昇天の日に因んで開堂された。第二次南蛮寺である。この第二次南蛮寺は、１５８７（天正十五）年の秀吉のバテレン追放令によって破却された。だが、この寺の二つの遺品が現存している。

その一つは、神戸市立博物館所蔵の狩野元秀（または宗秀　１５５１～１６０１）が描くところの「南蛮寺扇面図」である。周辺の民家の貧しさと対照的に、三層の堂々たる教会と前庭に立つ宣教師たちの姿は、京都布教の勃興期の様子を今もいきいきと伝えている。

もう一つは妙心寺春光院にある小型の「南蛮鐘」で、イエズス会の紋章が鐘の図柄に用いられ、「1577」の文字が刻まれ、第二次南蛮寺再建の年と一致する。ただし、その伝来の由縁は不明である。

京都にはこの姥柳町の南蛮寺の他、あと二カ所の南蛮寺遺跡がある。下京区岩上通綾小路にある南蛮寺跡は、スペインのフランシスコ会の宣教師ペドロ・バウチスタ（生没年不明）が秀吉から許可を得て建てたもので、一万坪余の広い敷地であった。1593（文禄二）年頃のことである。ところがこの南蛮寺は短命で、しかも悲劇的であった。1596（文禄五）年、高知沖に漂着したスペイン船サン・フェリペ号の乗組員から、スペインの布教の最終目的は日本の征服にある、という言質を聞き出した豊臣秀吉（1536～98）は、ただちにフランシスコ会系の弾圧に乗り出した。同年十一月、二十五人の日本人信徒らが京都で捕えられ、翌年二月、もう一人を加えて、長崎の西坂で処刑された。いわゆる二十六聖人の殉教であった。この時の京都の信徒たちは、自ら進んで殉教者になろうとしたという。

秀吉は初め、信長の政策を踏襲して、キリスト教に対しては好意的であった。ところが1587（天正十五）年、突如一転して「バテレン追放令」を博多で発令した。その直接的な動機は謎に包まれているが、発令の前日、博多へやってきたポルトガルの武装艦船を視察したこと、長崎・茂木《もぎ》方面で領主・大村純忠の寄進によって教会領が出現していること、キリスト教徒の中には神社仏閣を打ち壊す者がいること、日本人男女がポルトガル商人によって南方で奴隷として売られていることを知ったこと、などが挙げられている。いずれにせよ、京都の信徒たちは専制者の最初の大量犠牲者となった。

慶長年間の南蛮寺復興

1598（慶長三）年に秀吉が死んだあと、キリスト教はもう一度息を吹き返す。徳川家康（1542〜1616）は積極的に海外通商を進めることを外交政策の基本にした。1600（慶長五）年に来日したイギリス人ウィリアム・アダムス（1564〜1620）に領地を与え、顧問格に取り立てて、海外の情報の窓口とした。また1605（慶長十）年には朝鮮との復交を軌道にのせ、のちにはオランダ、イギリスとの通商を許可し、1606（慶長十一）年には朱印船渡海の制度を認めて、東アジアの一大通商国家を目指そうとした。

宣教師たちは秀吉の死を知るや、ただちに家康に近づこうと試みた。文禄の大殉教を逃れて潜んでいたフランシスコ会のヘロニモ・デ・ヘスース（生没年不明）は、秀吉の死んだ年に早くも伏見城にいた家康と会見することに成功した。この時、どちらから持ちかけたのかはよくわからないが、スペインのルソン総督と貿易開始についての斡旋、鉱山技師の日本招聘をヘスースは請負った。

こうなれば布教のほうはほとんど制約がなくなるのは当然で、翌年には家康の領国江戸で初めて布教、ついで1603（慶長八）年には京都の教会の再建、伏見にもカザ（住院）と病院を開くことに成功した。これより慶長末年の徳川幕府の禁教令まで約十五年の間、日本の全土でキリスト教は最盛期を迎える。時は少しさかのぼるが１５８１（天正九）年、信長の横死前年のヴィレラの報告『日本年報』によれば、九州に十二万五千人、都地方に二万五千人の信徒がいた。その後も洗礼を受ける者はあとを絶たないどころか、増え続ける一方で、一説には１６０５（慶長十）年には七十五万人、１６１３〜１４（慶長十八〜十九）年頃には百万人近くに達していたとさえいわれる。これは当時の日本の総人口がおよそ千五百万人から千七百万人くらいであったと推測されるから、この推測が正しければ十五人ないし二十人に一人はキリスト教徒だったことになる。明治以降から現代にかけてのカトリック、プロテスタントを合わせたキリスト教信徒の総人口比と比べると、信徒数にはかなりの誇張があるとはいえ、その多さには驚かされる。

この頃の京都の風俗を詳細に盛り込んだ各種の「洛中洛外図」屏風にも、南蛮人の姿がたくさん描かれている。それらの人物は必ずしも宣教師ではないが、ある者は大仏殿や三十三間堂を遊覧し、ある者は町を少人数で闊歩している。この急速な信徒の増加に伴って、教会では日本人の宣教師《パーテレ》や布教助手《イルマン》を大量に養成し、信徒の教化を図るために、教会、教区ごとに初等教育機関の他、セミナリオ（中等教育にあたる）、コレジョ（大学にあたる）などが設けられて、信徒の教化にあたった。また、教会を飾る聖画も、宣教師たちが携えてきたものだけでは足らず、洋画の技法を学んだ信徒や、入信した画家たちが描いたものも現われる。たとえば、大正年間に発見され、京都大学文学部博物館所蔵の「マリア十五玄義図」は、日本人の手になった聖画である。

上京区油小路元誓願寺角に「此附近　慶長天主堂跡」という碑が立っている。これは１６０１（慶長六）年頃、初めて上京の地に建てられたイエズス会の南蛮寺跡である。あの二十六聖人が市中から集められ、縄についた地を祈念してこの地が選ばれたという。

1612（慶長十七）年、家康の第一回禁教令が出た。家康の近臣中にも多くのキリスト教徒がいたことが発覚した岡本大八事件の見せしめであった。ただちに「夷狄の邪法」として京都の南蛮寺院も破却を命じられた。1613（慶長十八）年十二月には第二回の強硬な禁令が出た。


京・大坂の伴天連《ばてれん》宗迷惑此の事なり。伴天連師匠寺二ケ所あり、右の内西京寺は焼払はれ、四条町中にこれ有る寺は、類火を厭《いと》ひ、こぼちて火を付けらる。師匠両人は構ひなく、家財西国へ退く。（『当代記』）

以後、キリスト教徒にとって苛酷な受難と殉教の日々が続く。先の1613（慶長十八）年の時は、鴨川の二条河原で俵詰めの刑が執行され、1619（元和五）年には「だいうす町」の住人ら六十三人が牢に繋がれ、八名が拷問により獄死し、残りは同年十月十七日、六条河原に引き立てられて十字架に縛りつけられ、身重の女性、五人の子供ともども火あぶりの極刑に処せられた。世にいう「都の大殉教」である。

ところで「だいうす」町というのは、いうまでもなくゼウスの日本語化したもので、その頃人びとはキリスト教のことをその神の名によって「だいうす宗」と呼ぶこともあった。この「だいうす町」は、その町に信徒が多かった、というよりも、信徒たちがさまざまの迫害や村八分などによって住んでいた町を追われ、一カ所に集まり住んで、助け合い励まし合って、お互いの信仰を確かめ合ったために成立した地名であろう。今でも確認されているものに、次の場所がある。

○だいうす町　下京区若宮通松原上ル菊屋町

1614（慶長十九）年のイエズス会年報に出てくる松原近くの町のことを指すとみられ、江戸時代初期の古図にも町名が出ている。

○だいうす町　下京区岩上通綾小路妙満寺町

1593（文禄二）年、秀吉の命により寺町へ移される前の妙満寺跡に建てられた南蛮寺の南側で、いわば門前町だった。宣教師は「ロス・アンジェラスの町」と呼んだらしい。

○だいうすつじ　上京区油小路通元誓願寺下ル

これも1604（慶長九）年に建てられた南蛮寺の近く。「平安城東西南北町並之図」に出ている。

○西ノ京のだいぅす町　上京区御前通下立売下ル下之町

（いい伝えのみで史料がない）

庶民に及んだ西洋文化

ここでポルトガル人たちがもたらした西洋文明の影響と遺産のことに触れよう。これらについても、やはり教会の布教活動が大きなかかわりを持っている。

1603（慶長八）年に再建された姥柳町の南蛮寺には、天体図、天球儀、地球儀などいくつもの天文儀器が据えつけられた。翌々年にグレゴリオ暦を編製したクラヴィウスの門下生のスピノラがここに天文、数学を主とするアカデミァ（講座）を設け、1612（慶長十七）年にはマカオのイエズス会士と呼応して日本最初の科学的な月蝕観測を行ない、地球の経度測定にも貢献した、とされている。後陽成天皇がここを密《ひそ》かに訪れ、天文儀器に感嘆して、朝廷付の工人にその製作法を教えるよう望んだ、というようなこともイエズス会の『日本年報』にある。この天文、暦学は仏教の須弥山《しゅみせん》的世界観や陰陽卜占《おんみょうぼくせん》の秘儀しか知らなかった日本人に、まったく新しい宇宙観を教えたのであった。

天文学といえば、1560（永禄三）年に宮廷に仕える天文道の名家、賀茂在昌《ありまさ》（生没年不明）とその一家が、ヴィレラらの天文説を聞いて入信している。また1563（永禄六）年には、清原大外記枝賢（1520～90）が高山右近（1552～1614）父子らとともに入信している。枝賢は松永久秀の命令で、ヴィレラを論破しようとして派遣されたのだが、逆に論破されてキリスト信徒となったのである。清原家は平安時代以来の明経道の家であった。これらの例は宣教師たちが当時のヨーロッパの最高の科学的知識を身につけ、その実証性と合理性に裏打ちされた説得が日本の知識層に大きな影響を与えたことを示している。

また天正遣欧少年使節の帰国に随行したヴァリニャーニ（1539～1606）は、ゴアからヨーロッパの活字印刷機一台と金属製のローマ字活字を持ち込んだ。1590（天正十八）年のことである。翌年、肥前加津佐の学林で『サントスの御作業の内　抜書』『どちりいな・きりしたん』の二点が刊行された。いずれも布教のためである。簡単に再使用できる活字の出現は、版木をそのつど製作していたそれまでの方法に比べて、はるかに容易な印刷方法であった。宣教師たちはこの印刷機を用いて、「キリシタン版」と呼ばれる図書を主として天草と長崎で次々と刊行した。また『日葡《にっぽ》辞書』（ポルトガル語の辞書）、『日本大文典』など、ポルトガル人や日本人の宣教師たちの便宜のための辞書類も編纂、刊行された。この時代の日本語を知る上で貴重な文献史料である。このキリシタン版図書が慶長年間（1596〜1615）、京都でも一書が刊行されている。『こんてむつすむんぢ――世をいとひキリストをまなび奉つるの経』という書題である。同書は1596（慶長元）年に天草で出版されたものとほぼ同一内容であるが、特色は平仮名混じりの日本文であったため、日本人の信者、読者に大歓迎された。印刷所は「都の原田アントニー」とあって、美濃紙に木活字で印刷されている。木活字による活版印刷は1593（文禄二）年、朝鮮より持ち帰った活字版に倣って木活字を作り、初めて勅版『古文孝経一巻』が出版され、その後相次いで木活字を用いた出版が行なわれているというから、原田アントニーはその活字の製作や印刷にあたった人物と縁のあったキリスト教信徒であったとみられる。

南蛮寺（教会）には、しばしば病院が併せて設けられていた。市中の人びとの施療にあたることを目的としていたが、特に外科が人気を呼んだ。この病院には中漢の医術とはまったく異なる西洋医術を習得した南蛮医者がおり、天皇や足利将軍家の診断にあたった曲直瀬道三《まなせどうさん》（1507〜95）や施薬《やく》院全宗《いんぜんそう》（1526〜99）がその術を学んだ。

服飾風俗にも南蛮ファッションは大きな衝撃を与えた。ジュベン（上衣）、カルサン（ズボン）、襞《ひだ》衿《えり》が流行し、ボタン、ラシャ、サラサ、カッパなどのポルトガル語が日本語化したように、南蛮ファッションはその新奇さとともに機能性にも優れていたため、信長、秀吉も愛用し、一般にもひろまった。洛東高台寺には秀吉の遺品が北政所の縁で残されているが、中でも秀吉が用いた「鳥獣綴《つづれ》織《おり》陣羽織」は素晴らしい。もとは十六世紀ペルシアの敷物を陣羽織に仕立てたという。

食料、嗜好品については、パン、ビスコ（ビスケット）、カステラ、ボーロ、タバコ、コンペイトウ、テンプラなど、挙げるときりがない。このうち、テンプラについては、地名起源説の他、ポルトガル語の「調味する」という意味のテンペラール（Temperar）からきているという説と、教会用語として肉断ちのあとの季節の節目をテンポラ（Tempora）という語があり、その時期にはしばしば肉に代わって油で揚げたものが供されたのでその名残という説もある。今日の京料理には必ずといってよいほど揚げ物、つまりテンプラが加えられているが、これはオリーブ油が輸入されたり、油の生産がひろまったこの時代の「文明開化」と切り離しては考えられないのである。

2 海外雄飛——角倉了以・素庵の仕事〈安土桃山時代〉

角倉船と東南アジア

洛東清水寺には「角倉渡海船額」と呼ばれる華麗な絵馬が奉納されている。実はその渡海船額というのは四面あって、三面は摂津国平野の末吉孫左衛門、あとの一面が角倉了以《すみのくらりょうい》（与七　1554〜1614）・素庵《そあん》（与一　1571〜1632）父子がアンナンやトンキン（現在のベトナム中部と北部）方面に押し渡るプランを実現した角倉船と呼ばれる船の絵馬である。

絵馬はいうまでもなく願主が生きた馬を奉納する代わりに、馬の絵を描いて神仏の加護を祈ったものだが、この時代になると、船絵馬まで登場した。大航海時代が日本にもやってきたのだ。この種の船の大きさは正確にはわからないが、のちに出てくる茶屋船が長さ四十五メートル、幅が約八メートル、三十トン程度、三百余人乗り（小倉貞男『朱印船時代の日本人』）とあるから、ほぼ同じか、それよりやや大きかった大船である。ただし、この絵馬が奉納された1634（寛永十一）年は幕府の海禁政策が極限に達しようとしていた時であるから、絵馬の功徳は実際には生かされなかった。「諸願成就」と大書され、「東京《トンキン》」と行き先まで示された船は日章旗を掲げている。船中には踊っている人、それをとり囲んでいる見物人、鼓を打ち、三味線をかき鳴らす人、見物しながら酒を飲んでいる人、それに西洋人の姿さえ見え、何やら船中の大宴会の真最中なのである。きっと商売に成功し、明日は故国という日の祝宴かもしれない。

この角倉船は末吉船、茶屋船などとともに、一般に「朱印船」と呼ばれているが、その名がよく知られているわりには、朱印船の始まりについてはもう一つはっきりしない。江戸時代の中頃（明和年間）に書かれた『長崎実録大成』に出ている『長崎志』という地誌があって、それによると文禄の初年頃、秀吉が、朝鮮侵略をまさに発動しようとしていた時期に、長崎、京都、堺の者が秀吉より「御朱印を頂戴して、広南、東京《トンキン》、占城《チャンパ》、東埔寨《カンボジャ》、暹羅《シャム》、台湾、呂宋《ルソン》その他十カ国へ商買のため、渡海する事、ご免これ有り」ということになっている。そして長崎より末次平蔵二艘の他、計五艘、京都より茶屋四郎次郎一艘、角倉一艘、伏見屋一艘の計三艘、堺より伊予屋一艘とその出身地と船主の名が記されている。けれども、肝心の秀吉の朱印状そのものや発行の記録がまったく見つかっていない。

中田易直『近世対外関係史論』その他の研究によると、豊臣秀吉の外交政策は朝鮮、琉球、台湾やルソン総督に宛てたものを見てもわかるように、相手に朝貢を強要し、応じなければ侵攻するという威嚇的な態度が基本で、家康のように相手と修好関係を持ち、それを制度化するという姿勢がない。だからこの記事は真実とは認めがたい、という。

一方、十六世紀末から十七世紀初頭の東アジアの海域を見ると、そこには大きな時代の変化のうねりが訪れていた。まず明国の発行する勘合符による貿易は、明国の財政難のために主な輸出品である銭貨が不足し、日本からの勘合船も１５４７（天文十六）年の策彦周良《さくげんしゅうりょう》の再度の渡海を最後に途絶えていた。また明王朝は「海禁政策」をとって民間貿易を禁じていた。けれどもこの海域で貿易によって生計を立てていた人が多く、公認の貿易ができないとなれば、いきおい、密貿易（僭商）が盛んに行なわれる。

「後期倭寇《わこう》」と呼ばれる中国人を主とした半ば海賊、半ば商人という密貿易集団がそれである。彼らは東南アジアから中国大陸沿岸、琉球、日本、朝鮮半島をまたにかけて活発に活動していた。沿岸地方の中国人住民や中継貿易に頼っていた琉球王国、それに九州方面の日本商人、大名などにとって、貿易の中絶は死活問題だった。そこへポルトガル船などの南蛮船が乗り込んできた。海禁政策をとって勘合貿易以外の私貿易を禁止し、沿岸住民の「寸板下海」を許さなかった明国も、密貿易には手を焼いた。そこで海禁政策を一部緩和して、南方諸地域への自由渡航を許した。そうなれば海賊まがいの倭寇商法も必要でなくなる。中国人の倭寇が激減することに伴って、日本でも諸大名や秀吉は海賊船の取り締りを強化し、それに代わって西国大名やその意向を受けた私貿易船が自由に渡海し始めた。

秀吉はこの南方貿易の利益を独り占めにするために、博多の神谷宗湛《かみやそうたん》（1550〜1635）、島井《しまい》宗室《そうしつ》（1539〜1615）らの貿易商人たちを重用した。しかし無謀な朝鮮侵略が秀吉とその政権の寿命を縮めた。秀吉の対外政策は近隣諸国の恨みと怒りを買っただけで終わった。

新しく政権を握った家康が渡航許可証としての朱印状を発行し始めたのは、前記の中田易直氏によれば、1601（慶長六）年の頃らしい。関が原役の翌年である。なお、現存する最古の朱印状は1602（慶長七）年のものという。

本邦の船、異日其地に到らば、此書の印を以て証拠となすべし、無印の舟は之《これ》を許すべからず

同年十月、安南国《アンナン》王に家康が送った書である。この時、角倉、茶屋などそれまでも何かと家康に親近していた京都や大坂の大町人が、朱印状を手に入れる機会を得た。すなわち、家康新政権の公認貿易制度が始まった。

角倉家は洛西嵯峨で代々足利将軍の侍医を勤める医家であった。別姓は吉田。足利義満の恩顧を受けた徳春《とくしゅん》が嵯峨の角倉に住んだので角倉の名が出たともいう。室町中期にこの一族は土倉《どそう》を営んだ。今日でいう金融業であり、同時に酒造りも兼ねた。いずれも室町時代の京都の代表的な町衆、すなわち富豪の家業である。徳春からかぞえると曽孫にあたる宗桂《そうけい》の時、のちに触れるように明国に渡る機会があった。このことが後年、その子了以、さらにその子の素庵が海外貿易に情熱を燃やす手がかりとなった、といってもよいかもしれない。

角倉了以と家康との直接の繋がりは、医業のほうを継いだ了以の弟吉田宗恂《そうじゅん》（1558〜1610）が取り次いだ。1600（慶長五）年のこととされている。このことからみても、『長崎志』に出てくる角倉船のことは同年以降とみるのが正しいだろう。

1603（慶長八）年冬に出帆した了以による第一回角倉船の求めたものは、書籍と南方の珍樹から採れる薬材であった。渡航にあたって、弟の宗恂が大医局法眼として安南国への上書をしたためた。その中で宗恂は、今までの商船が印信を持たずに渡り、貴国の簡牘《かんぱい》も頂かずに帰国していたが、

これは不正、剽掠《ひょうりゃく》に繋がる。今、わが国命を奉じて回易使を遣わすので、願わくば二国勘合符印を制定し、年を定めて回易使を容れて隣好を修めれば、二（両）国万世の大利ではないか、としたためている。そして与一（素庵）は「回易大使司」と名のった。ただし、素庵が渡航したという形跡はない。ともかく角倉一族を挙げての渡航体制を組んだのである。幕府からすれば、角倉一族に通商官としての任務を委嘱したことになる。与一素庵はこの時三十三歳、怖いもの知らずの働き盛りである。彼は恵まれた家産と父や叔父の指導に甘んじることなく、自ら学問に励み、優れた文人たちとの交遊関係を持っていた。その一人が藤原惺窩《せいか》である。

素庵は彼の儒学の師匠である惺窩に『舟中規約』の起草を依頼した。少し長くなるが、その読み下し文を紹介しよう。

一、凡《およ》そ回易の事は、有無を通じて人・己を利するなり。利を共にすれば、小と雖《いえど》も還《かえ》りて大なり。利を共にせざれば、大と雖も還りて小なり。謂《い》う所の利は義の嘉会《かかい》なり。故に曰く。貪賈之《どんばいこれ》を五とすれば、廉賈《れんばい》は之を三とすと、これを思え。

一、異域の我国に於ける、風俗言語異なると雖も、其《そ》れ天賦《てんぷ》の利、未《いま》だ嘗《かつ》て同じからず。其同を忘れ其異を怪しみ少しも欺詐、慢罵《まんば》するなかれ。彼れ且《か》つ之を知らずと雖も、我豈《あ》に之を知らざらんや。（中略）若《も》し他に仁人君子を見れば則《すなわ》ち父師の如く之を敬《うやま》い、以《もっ》て国の禁諱《きんい》を問い、其国《そのくに》の風教《ふうきょう》に従う。

一、上堪下輿《じょうたんげよ》（天地）の間、民胞物与《みんぽうぶつよ》、一視同仁《いっしどうじん》、況《いわ》んや同国人に於てをや、況んや同舟人をや、

（後略）

一、狂瀾怒濤《きょうらんどとう》、険なりと雖も、還りて人欲の人を溺らすに若《し》かず、人欲多くと雖も、酒色の尤《もっと》も人を溺らすに若かず、到る処《ところ》道を同じくする者は、相《あい》共に匡正《きょうせい》して之を誡《いま》しむ。（後略）

これはもはや『舟中規約』を超えている。通商の本義、他民族との交際の道義の根本、同船の朋輩間の人間関係のあり方を述べた、優れた政治倫理の書である。現代の国際社会の通交、通商のルールにも適《かな》っている。惺窩が開いた頃の草創期の日本朱子学は、このように「義」と「理」の感性にあふれた思想内容を持っていたのだ。儒師といえば、素庵は惺窩の紹介によって1600（慶長五）年、京都伏見で次章に登場する朝鮮人儒者、姜沆《カンハン》に会い、文章作法、儒式による献礼拝揖の方法などを学んでいる。この両師の縁で、素庵はのちに惺窩の弟子である林羅山《はやしらざん》（1583〜1667）とも親交を重ねる。

さて、第一船は1604（慶長九）年六月、半年ぶりに戻ってきた。安南国の復書に添えて、貨幣若干、青貝四疋《ひき》、白絹大好五匹《ひき》、牙扇二件、香蠟一瓶、薫香一瓶をもたらした。

同年八月、再び安南国へ角倉船が出航した。いったんルートができると、毎年渡海することが先方からも認められた。角倉船が安南国のトンキンをお得意としたのに対し、茶屋船は交趾《コーチ》のフェをお得意とした。京都からの貿易相手が船ごとにうまく区分けされていた。

日本から角倉船が輸出したものは、主に京都で生産、加工されたとみられる扇子、傘、鏡、薬罐などの工芸品、および硫黄、鉄、のちには銅などの鉱産物が加わった。この他、安南国王や重臣へは水晶珠、琥珀《こはく》珠、白檀《びゃくだん》、白紙、馬鞍、長刀、甲冑などの献上品が贈られた。これらの一部は他国との交易品を流用したものであろう。

角倉船は1608（慶長十三）年まで年一回を限って順調に続けられた。この間、角倉船で舶載されてきた輸入品のほうは、生糸、絹布、唐綾、綸子《りんず》などの繊維、またはその加工品、それに肉桂などであった。第一回の船が書籍と薬材を求めただけのことと比べると、格段の豊富さである。

1609（慶長十四）年の船は不幸にも帰途、海上遭難し、船長以下十三名の犠牲者を出した。幸いあとの乗組員は安南国側に救助された。彼らは手篤く遇されて、無事送り届けられてきた。この翌年、与七了以は家督を息子与一素庵に譲り、以後の朱印許可状は素庵宛に下付される。それからあとも1612（慶長十七）年まで、角倉船は毎年トンキン渡海朱印状を手にして渡航した。この貿易による莫大な利益が京都嵯峨の角倉家の土蔵に満ちあふれたことはいうまでもない。そして角倉家の次の大事業である大堰《おおい》川開削や、富士川、鴨川水道の疎通、高瀬川運河開発の資金として活用されたにちがいない。このことにおいても、京都と、はるかな東南アジアとは、角倉父子の才覚と機略によって強く結びつけられていたといえる。

1613（慶長十八）年、それまで全七回にわたって毎年続けられてきた角倉家の朱印船貿易に、大きな転機が訪れた。それは前年二月に発覚した岡本大八（?〜1612）事件に端を発する、幕府の一連のキリシタン禁教令の発動であった。

朱印船貿易に携わる者の中にキリシタン関係者がいたり、海外でのキリシタン信徒との自由往来が発覚すれば、たちまち類は一党に及ぶ。すでに大名の大船所持は自由貿易の利を彼らの得させないために、数年前に禁止されていた。海外貿易は角倉、茶屋、末吉、それに長崎の末次らのごく限られた特権豪商だけが従事していたが、この禁教強化の大勢の中で、たとえ幕府配下の特権商人であったとしても、なお海外通航を続けることはリスクが大きすぎる。この年の角倉船渡海は中止とされた。

そのあとしばらくたって元和年間（1615〜24）になると、角倉船は再び安南国へ渡海する。素庵は二男厳昭に海外通交のことを任せようとした。あたかも安南国では阮氏《グエン》がクアンナムに拠点を置いて近隣諸国との修好通商を求めていた。素庵にすれば、この時こそ今までの通交の実績を基に、一条の活路を海外に求める最後の試みをしよう、としたのであろう。その後、朱印状発給の記録がないので詳しいことはわからないが、寛永年間（1624〜44）に入っても、角倉船を通じて安南国王と幕府老中との書簡のやりとりが細々と続けられた。しかしもはや幕府の禁教と海禁政策の大方針は変わることなく、やがて角倉船の使命は終わった。

中国に倣った河川開削

角倉父子のもう一つの大事業に河川の開削がある。古くから日本、特に西南日本では、自然の河川を利用して人馬の交通に役立てていた。例を挙げると、奈良東大寺大仏の用材を琵琶湖周辺の山地から宇治川、木津川の流路を用いて運搬したように、材木を流れに投下し、あるいは筏《いかだ》を組み、通過不可能な所では陸上に引き上げて、人と馬力に頼った運搬方法であった。少々の岩石は取り除かれたであろうが、荷物や人間を積んだ船が安全に通れる水路とはとてもいえなかった。ましてあちこちに峡谷があって、急流、巨岩が流れを阻《はば》み、小平野をいくつにも区切っている日本の地勢では、河川の疎通による水運という事業に目をつけた人物は秀吉くらいのものだった、といってよい。室町時代でも明船や朝鮮使節の船は兵庫の浦までしかこなかった。

角倉与七（了以）は幼い時から嵯峨で育ち、保津川（大堰川）の激流をよく知っていた。そしてその上流には小盆地がいくつもあり、下流は京都西郊の沃野を流れ、淀川に合流している。

この間を隔てているあの峡谷さえ開削すれば、丹波の木材、薪炭、米麦は簡単に京坂の需要に応えて持ち運ぶことができる。そしてその通航料や運賃は莫大な収入になるだろう。開削に要する少々の費用は長い年月を待たずとも償却できるにちがいない。

この時、彼の頭に浮かんだのは、その父宗桂が折に触れ語っていた大明国の水運であった。宗桂は嵯峨天龍寺妙智院の策彦周良《さくげんしゅうりょう》の二度の入明に、二回とも医術を究めるために随行してきた。あるいは与七は策彦和尚の著わした『入明記』を目にしていたかもしれない。一行は浙江省寧波《ニンポー》の港へ到着してから、百数十日かけて北京へ旅立つ。そこからの交通の大半は水路によった。その水路の一部は自然の河川を大きな船でも通航できるように開削してあった。また、あとの大部分は隋、唐の昔から連綿と普請、改良が加えられてきた「大運河」であった。その大事業と比べれば、保津峡の疎通はそれほどの困難でもあるまい。この確信が彼を日本で初めての大規模な河川開削の事業に立ち向かわせたにちがいない。江戸の幕府はこの工事願いを簡単に認め、それを受けて1606（慶長十一）年、与七の陣頭指揮の甲斐あって、大堰《おおい》川の開削は無事竣工した。

これをみた幕府は、富士川、天龍川の開削を次々に命じてきた。富士川のほうは成功して、舟が駿河から甲府近くまで遡《さかのぼ》ることができるようになった。一方、天龍川のほうは下調べの末、成功は覚束ないとみて、本格工事には着手しなかった。

けれども地元の京都において、もう一つの開削事業が角倉父子を待っていた。これは伏見と京都を水運で直結する工事を完成させることであった。

秀吉は天正年間（1573～92）、方広寺大仏殿建立の際、その資材を運搬させるために鴨川の水路を改良する工事を始めたらしい。それがどの程度まで使用に耐え得るものであったかは、よくわからない。家康は秀吉の子秀頼に、父の追善供養を名目として、慶長の地震でいったん倒壊した京都大仏の再建を勧め、その資材運搬用に鴨川水路の大改修を角倉父子に命じた。これは1611（慶長十六）年に一応の完工をみた。しかし、この鴨川水道は完成された水路とはいい難かった。なぜなら、鴨川の水位は三条辺りと伏見ではかなりの差があった。また、上流からの土砂の流入によって中洲が絶えず処《ところ》を変えて出現し、せっかくの水路が大雨、洪水によってひんぱんにもとのもくあみに帰してしまう恐れがあった。

そこで思いついたのが、自然の河川とはまったく別に、人工運河を掘ることであった。それまで河港やごく小規模な水路の短絡、城郭の掘割などを除けば、人工運河という発想は日本には乏しかった。その人工運河を造成して、安定した貨物輸送体系を作ろうというのである。家康は角倉与一からその計画を聞いた時、率直なところ、その成功を危ぶんだらしい。しかしあの明国の大運河に比べれば、京都・伏見間約十キロの長さはものの数ではない。ちょうど京都では、二条城が伏見城に代わって徳川政権の幕威を誇示する拠点として作られており、鴨川二条までこの人工運河を延長すれば、幕府にとってもきわめて有益だと角倉は説得した。

工事は鴨川から水を引き込み、水路の底と両岸には石を敷き詰めた。舟は底が平らで、吃水《きっすい》の浅い「高瀬舟」を用いて、運河の底の浅さを補った。いずれも新しい工夫である。このようにして慶長末年頃には高瀬川が二条大橋のたもとから、途中鴨川を横断して、伏見丹波橋まで開通した。この工事に伴う直接費用はもとより、運河や積荷、荷下ろし用の土地買収費用その他は、すべて角倉家が負担した。その上に完成後も年貢を毎年、銀二百枚納めることになった。だが、これによって角倉家は二百五十年間、その通航料と運賃による超長期の安定した収入を子孫にもたらすことができたのである。

同じ頃、家康側近の特権商人として活躍した茶屋四郎次郎家の本家（京都）が活躍していた。しかし茶屋家は江戸中期（明和頃）になると、将軍家の呉服御用商人としての特権的地位がしだいに薄れていくにつれて、その没落を早めた。これに比べ、特権貿易家から内陸水運事業家への転身を見事に遂げて、角倉家は幕末まで京都でその富裕を保つことができた。了以・素庵二代の大きな功業である。

角倉家は高瀬川に沿って、二条南の一等地に屋敷を持った。そしてその高瀬川には「一之船入り」以下「内浜」まで、荷上げ、積み下ろし用の舟の停泊場所を作り、また水量を一定に保ち、悪水を排水するための数々の工夫を凝らした。

了以は高瀬川の完工とほぼ時を同じくして１６１４（慶長十九）年七月に没した。了以は十八歳の時に父宗桂を亡くしているから、父の明国大運河旅行の記憶はどの程度まで正確に了以に伝えられたかはわからない。しかし内陸運河は日本でも可能なはずだ、という着想の奇抜さと、その運河の水運を便ならしめる工夫は、はるばる中国からこの角倉三代の血脈を通じることで、京都の地に生きた、とみることはいいすぎではないだろう。

茶屋四郎次郎家の場合

ここで茶屋家のほうに話を移そう。先にみた『長崎志』の中には、角倉船の他に茶屋船という名があった。角倉、茶屋、後藤というのがその頃の京都を代表する豪商である。後藤家は直接海外貿易に手を下した記録はない。ただし、本多正純ら家康のブレーンに近く、角倉などの朱印船許可にいろいろと助言してくれた。

茶屋家の出自はよくわからないところが多いが、本姓を中島とし、京都近郷の出身であったらしい。だが、必ずしも天文法華争乱の時に活躍した「茶屋」と同系だとはいえない。その名の起こりは、足利十三代将軍義輝がその邸を訪ねた折、茶を所望したので献じたところ、「茶屋」の名を賜わったとか、あるいは家康が同家をしばしば訪れて休憩したためとか、いろいろな所伝がある。いずれにしても、茶屋を名のった初代の清延は、若い時から家康と親しかった。本能寺の変をいち早く旅中の家康に伝えたのも茶屋だったし、のちのちも家康に重宝がられ、情報収集、隠密の連絡役、「御陣等御道具誂」「上方御買物」の調達などの機密にかかわり、一代で財を築いていった。この初代は1596（慶長元）年に世を去り、あとを継いだ長男清忠も1603（慶長八）年に若死した。この二代清忠の頃、茶屋四郎次郎家は京都所司代板倉勝重（1545〜1624）の許《もと》に一時「京都総町頭役」に任じられている。清忠のあとはその弟清次が継ぐ。彼は初め長崎奉行長谷川藤左衛門（または左兵衛）藤広の養子となっていたが、兄死去のあと、同年に京都へ戻り、本家の四郎次郎家を継いだ。『長崎志』にいう貿易許可を受けた茶屋船の時期は、角倉の場合と同じく、文禄年間（１５９２～９６）ではなく、もっと後年のものだろう。

茶屋家は代々本家が四郎次郎を名のっている。そのため、初代清延の事蹟と二代以後の四郎次郎某のやったことがよく混同されており、茶屋家の記録でも「四郎次郎清延代迄渡海仕り候に付、年々安南国王より書翰到来仕り、今に所持仕り候」と述べているものもある。これは先にみたように、初代清延は慶長元年に死んでいるから、とうてい信ずることはできない。「茶屋家譜」という記録には、三代祖（清次）のこととして、御朱印を受けたこと、延享（１７４４～４８）の代まで渡海をしたことが記されているので、おそらく１６０３（慶長八）年に家督を継いだ三代四郎次郎清次が朱印船を出したのだろう。ただし「延享の代迄渡海」というのは怪しい。寛永年間（１６２４～４４）に日本人の海外渡航は完全に禁止されているのだから。ただし１６３５（寛永十二）年の年号の入った安南国王の国書の写本が茶屋家に残っているから、その頃までは角倉家と同じく渡海が続けられたとみてよい。三代四郎次郎清次は、初代四郎次郎清延以上になかなかの事業家であった。茶屋家が極盛に達したのは彼の時代だった。家康の命取りになった鯛のオリーブ油揚げを勧めたのは、この清次であるという話もある。

茶屋家は京都の本家の他に、尾張と紀州にそれぞれ呉服師として分家ができる。いずれもこの三代清次の時のことである。茶屋がいかに徳川一門に重く用いられていたかがよくわかる。清次の弟長吉は尾張徳川家の「御呉服師」となり、尾州茶屋家の遠祖となるが、今、名古屋市の情妙寺には「茶屋新六交趾国貿易渡海図」という絵図が残されている。その新六とは、尾州茶屋家の二代目新六郎のことであろう。その絵図による新六郎渡海の時期は元和年間（1615〜24）ともいい、あるいはこの新六郎ではなくて、尾張初代長吉が1631（寛永八）年に渡海した時のことであるとの説もある。

茶屋家には全部で十数通の朱印状が下付されたらしい。そのうちには尾州茶屋家のものもあるかもしれず、京都の茶屋四郎次郎家、すなわち宗家がどれくらい渡海しているかは、よくわかっていない。本家でいえば、三代清次、四代道澄にかけての頃である。いずれにしても、角倉家が海外貿易からいったん手を引き、河川開削に全力を傾けだした頃に、茶屋家は交易を盛んに行った。

この他の京都の商人では、銀座年寄を勤めた平野藤次郎、幕府の若年寄太田資宗の弟である橋本十左衛門らが、寛永年間に入っていずれも数回の朱印状を下付されている。慶長年間に戻ると、亀屋栄任（?〜1616）、河野喜右衛門、津田紹意、大黒屋利兵衛、本田理右衛門らの名も出ている。いずれも呉服師や糸割符《いとわっぷ》の特権などを得た大商人たちであった。

糸割符といえば、当初ポルトガル船の貿易受け入れ窓口として設定されたその制度を通じて、大量の海外産の生糸が京都へ流入し、糸割符問屋を経て西陣機業の需要に応えた。

また、田中勝助（生没年不明）と米屋りょうせいら二十余名は、はるばるとノビスパン（メキシコ）へ渡った。1610（慶長十五）年のことである。彼らは、マニラ前総督ドン・ロドリーゴ・デ・ヴィベーロが房総の近海で海難に遭ったあと、幕府の保護によって外洋船を建造し、帰国させた時に同行した。この頃、家康はスペインとの貿易に熱心であった。したがって、この京都商人のメキシコ行きはあっさりと許可されたものであろう。翌年帰国した勝助は、家康に紫羅紗《らしゃ》とブドウ酒を贈り、喜ばれた。

今、この京都の大航海時代に道を拓《ひら》いた角倉父子の墓は嵯峨二尊院に、了以の像は保津峡を見下ろす大悲閣にあり、素庵のそれは高瀬川開削を記念して、三条小橋畔の瑞泉寺にある。また初代茶屋四郎次郎清延の墓は洛東東大谷に、その像は上京妙顕寺塔頭の久本院に安置されている。他に洛中本能寺にも、三代清次像とされるものが残っている。

3 秀吉の朝鮮侵略の悲惨と遺産〈安土桃山時代〉

「耳塚」残酷物語と儒者姜沆

話は少しさかのぼる。

1598（慶長三）年八月十八日、豊臣秀吉（1536〜98）が六十三歳でその生涯を伏見城で終えた。前年より再度の出兵が朝鮮で行なわれている最中《さなか》である。後事を受けた徳川家康（1542〜1616）は、しばらくその喪を伏せて、将兵の帰陣を急がせた。しかしいったん戦意をなくした軍兵を待っていたものは惨憺たる撤退作戦のみであった。最後尾の島津義弘（1535〜1619）の軍が朝鮮半島南岸の巨済島《コジェド》を離れたのは同年十一月二十日、諸将は重い足を曳きずってそれぞれの領国へ引き揚げていった。

一方、京都周辺では八月二十二日に方広寺大仏殿で供養があり、九月十五日に秀頼の名で大仏殿に鎮守が創建される。何かと秀吉に近かった後陽成天皇（1571〜1617）が譲位しようとして家康に諫奏されたのもこの頃である。

明けて1599（慶長四）年一月五日、初めて秀吉の死が公表され、五奉行は剃髪してその喪に服した。ひたすら不事の政変や民心の離反を恐れる権力者たちの周到な策謀である。

その頃、以下のような情景があった、と考えたい。

ひたすら寸暇を惜しんで読書三昧を過していた藤原惺窩《せいか》（１５６１〜１６１９）のところへ、門人の一人がやって来た。

「先生、太閤殿下が亡くなられたことが公になったことはご存知でしょう?」

「いかにも」

「先日、故太閤殿下のことを書いた落書きが大仏殿の門にありました。しかも南化という妙心寺のお坊さんが書いた文を黒々と塗り消して、その横に改めて別の文が書いてあるのです」

「それで……?」

「いや、どうもその落書きの字が尋常一様の人の手になるものとも思われません。ひょっとして、先生ご存知のあの高麗からの被擄人の先生ではないかと思ったのです」

「………」

答えを求められた惺窩にはピンとくるものがあった。取るものも取りあえず、方広寺の大門へ行ってみると、なるほど前に書かれた文章を消して、その脇に一文が書き残されていた。（以下は史実である。）前に書かれた文章は、たしか「大明の日本、一世に豪を振い、太平の路を開いて海闊《ひろ》く山高し」というものであった。あまり想を練ったものとも思えない、秀吉へのおべんちゃら文である。その傍《かたわ》らには墨痕も真新しく、こう書かれてある。

半世経営土一杯
十層金殿謾崔嵬
弾丸亦落他人手
何事青丘捲土来

半世の経営、土一杯《ぼう》
十層の金殿、謾《みだり》に崔嵬《さいかい》たり
弾丸も亦、他人の手に落つ
何事ぞ、青丘に捲土して来るは　（姜沆『看羊録』朴鐘鳴訳）

惺窩のカンは当たっていた。日本人には見られない雄勁《ゆうけい》なその筆跡は、まぎれもなく彼《あ》の人、すなわち先年の動乱で俘虜となって日本へ連行されてきている朝鮮の高儒、姜沆《カンハン》その人のものであった。

惺窩は急いで姜沆らが軟禁されている伏見の倉庫のような建物へ行った。

「少し前に、太閤塚殿《ちょうでん》に書かれているものを見ましたが、あなたの筆跡ではありませんか。どうして自愛なさらんのですか」

「………」

惺窩は心の底から心配した。もしこのことが町奉行や伏見の城中に知れたら、どういうことになるか。いくら高名な学者であるといっても、朝鮮の一被擄人にすぎない姜沆の首を斬ることなどは朝飯前に済まされてしまう。秀吉のやってきたことを「土一杯」とけなし、再度の朝鮮侵攻を怒りを込めて非難したその一文には、日本人では表わすことのできない万斛《ばんこく》の気迫が籠もっていた。惺窩は姜沆の落書き癖を知っていた。姜沆は、その落書きのために逃亡の意志が露見して、すんでのところで斬られてしまう破目を軟禁後の伊予の藤堂高虎領で経験してきているのだ。

姜沆（1567〜1618）、字は太初、睡隠と号した。朝鮮王国全羅道霊光郡《ヨングァングン》で生まれ、なかなかの俊才であった。戦乱の直前は刑曹佐郎という中級官僚で、丁酉《チョンユウ》（慶長）役の時、軍役に従事して南原《ナムウォン》で日本軍と闘う。激戦のあと南原が陥ると、義兵を組織してなおも抗戦するが、やがて殺到する日本軍に捕えられ、一族ともども海上に漂い、ある者は溺死し、ある者は斬殺された。姜沆はその衣服が官人のものであったから、縛られはしたものの、妻やその母、六歳の娘らとともに藤堂高虎（1556〜1630）の軍兵によって高虎の領地伊予大洲へ俘虜として送られてきた。その時、千人以上の人びとが前後して大洲へ連れてこられたという。戦争のどさくさまぎれに、民間人を主とする多数の被擄人を日本へ連行してきたことの理由については、内藤雋輔の「文禄慶長役における被擄人の研究」という優れた論考にくわしい。朝鮮半島へ出兵した西国大名たちは、被擄人のうち、陶工・印刷工、その他の技術者はその技に従事させ、官吏には文事を補佐させるか、仏門に入れ、その他の一般人は戦乱で労働力が著しく不足している農地で働かせることをもくろんでいた。あるいは南蛮人を通じて奴隷として海外へ売られていった者もあった。

大洲での姜沆は金山出石寺の日本人僧と出会って、ようやく体力、気力とも回復しているが、帰国の思いやみがたく、壬辰《イムジン》（文禄）役で同じく被擄となっていたある同国人とともに、暮夜ひそかに大洲を脱出し、宇和島城下へ入った。その時やっと縛を解かれた解放感と虜囚の辱《はずか》しめに対する恨みが爆発したのであろう。宇和島城の城門に、

汝日本君臣　興無名之師　伐無罪之国　夷其先王宗廟　発其先王陵寝　斬殺其旌倪　係累其子孫

（以下略）

と、激越な弾劾文を書き連ねる。このこともあって、姜沆はたちまちのうちに追手に捕まってしまう。再び大洲城へ護送され、軟禁生活が続く。

１６００（慶長五）年六月、藤堂高虎が京都から手紙を寄越して、姜沆一家を京都へ護送するように命じた。この時、高虎が姜沆をどのように処遇しようとしたのかは、よくわからない。

紀州徳川家の場合は、李真栄《イジニョン》・李梅溪《イメゲ》らの儒者を藩儒として重用したが、八日かかって伏見へ連れてこられた姜沆一行に、藤堂家が何かを命じた気配はない。ただ、監視役がついていて、外出の時は人質として誰かを必ず宿舎に留めておかねばならなかった。

さて、当時の方広寺大仏殿の正面から西へまっすぐに向かうと、南側に高々と土を盛り上げた塚がある。姜沆や惺窩の頃は、まだその土も黒々としていたことであろう。いうところの耳塚、正しくは鼻塚である。

秀吉が再度の出兵を命じた時、すなわち慶長役（朝鮮では丁酉倭乱《チョンユウェラン》という）の時、諸将に戦功を競わせ、戦後の論行功賞のデータにする目的で、戦乱で殺傷した朝鮮軍兵士の数を確認するために、鼻をそいで持ち帰るように命じた。「人にはそれぞれ両耳があるが、鼻は一つである。首級《しるし》の代わりに鼻を送れ」というわけである。そうなれば、兵士も民間人も区別はいらない。戦果を上げた証拠に、日本軍将兵たちは争って老若男女を問わず朝鮮の人びとの耳鼻を切り取り、樽に入れ、塩漬けにして京都へ送り届けてきた。

その数は諸説あってよくわからないが、従軍した大河内秀元によると、その人数は、

秀吉治世の間に朝鮮を征伐せる稀代の事なれば、和漢両朝末代の名誉に備ふべしと仰せて、日本の軍勢十六万騎が討つたる朝鮮人の首数十八万五千七百三十八、大明人の首数二万九千十四、都《すべ》て二十一万七百五十二、平安城の東なる大仏殿辺《わたり》に、土中に築籠め、石塔を立て、貴賤今に是れを見る。

（『朝鮮物語』巻之下）

とある。事実としては前線の諸将からの受取り状は北島万次氏によればいずれも「鼻請取状」しかのこされていず、秀吉の命によりその施餓鬼を実行した相国寺の西笑承兌《さいしょうじょうたい》（1548～1607）の日記にも「鼻塚と名付く」とあり、卒塔婆の銘には同じく「鼻塚」とあることからしても「耳塚」は後世の誤伝であろう。持ち帰り埋めたものは必ずしも鼻に限らなかったかもしれない。けれども「耳鼻を削ぎ取る」ということはある意味で斬殺以上に残酷きわまることとして、人びとにも悪印象が深かったのであろう。ともかく後世、「耳塚」という名が定着した。

姜沆が伏見にいた頃やはり被擄人として京都近辺にいた同胞たちが、この耳塚のことを知るにおよび、何はともあれ、米を集めて法要を営みたい、ついては高名の知識人・姜沆に悼文を作ってくれるよう、と求めた。そこで姜沆は、

鼻耳西峙《さいじ》に　修蛇東蔵す　帝羓蔵塩し　飽魚《ほうぎょ》香らず

という一句を寄せた。意味はよくわからないところもあるが、要するに、耳鼻を削がれた人びとを供養し、喪を秘すために内臓を取り去った秀吉の遺骸のことを皮肉ったものであろう。

被擄人についていえば左京区の黒谷光戒光明寺の塔頭のひとつである西雲院には文禄役の時、ある男の子が平壌で福知山城主の小野木重勝によって拉致されてきたがのちに仏門にはいり、長年の修行ののち、同寺にむかえられて西雲院の開祖となった。宗厳法師《そうごんほうし》（?〜一六二八）の墓が現存しその位牌は今も同院で手厚く供養されている。

藤原惺窩と朝鮮朱子学

こうして悶々として虜囚の日々を送っていた姜沆にとって、藤原惺窩との出合いはわずかに愁いを除き、心をあかせることのできる日々であったろう。惺窩が誰の紹介で姜沆に会うことができたのかははっきりしない。しかし惺窩はかなり以前から朝鮮朱子学に深い関心を抱いており、すでに1590（天正十八）年、秀吉の侵攻前にやってきた朝鮮通信使の一行としてやってきていた朝鮮人儒者たちとの交流があった。

当時、朝鮮王朝治下では、朱子学が全盛時代であった。特に李退溪《イテゲ》（1501〜70）という大学者が出、王家の庇護のもとで朱子学は一種の国教ともいえる地位を固めつつあった。日本へはすでに鎌倉時代から断片的に朱子の教えが入り、この頃中国から渡来してきた禅宗の僧侶たちによっても宋学の一部として朱子学が伝来されていたという。けれども朱子のいわんとするところを体系的に整理し、その要点を説き明かして経世の学とするには、まだその人を得ていなかった。

1590（天正十八）年の朝鮮通信使の副使、金誠一《キムソンイル》（鶴峯）は、李退渓の門下生であった。惺窩はこの時、一行の宿舎となった大徳寺を訪れ、三使の一人、書記官である許箴之《ホハムジ》（生没年不明）と筆談し、詩を贈答して歓談した。許箴之はこの時、「柴立子《さいりつし》」と号していた惺窩の号について意見を述べ、儒教の教えるところと仏教の教えるところとは明確に区別しなければならず、私は聖人の徒（儒者）として、他日の惺窩の学習の助けとなるならば……と、自説を展開した。惺窩はその頃まだ相国寺の妙寿院首座《しゅそ》の地位にある仏者であった。この時の許箴之との出会いが、どれほどの彼の思想の転回を促したかはわからないが、時とともに惺窩の仏教離れ、儒教志向は加速した。そして1598（慶長三）年秋、伏見の赤松広道（1562〜1600）の邸で姜沆と出合うことによって、惺窩の儒者としての道は、もはや確固不動のものとなった。

赤松広道は播州の名族赤松氏の末で、秀吉恩顧の大名であったが、惺窩のよき理解者であり、生活の上でも惺窩を扶《たす》けることが多く、惺窩の儒教への傾斜とともに、自身も儒学への理解を深めていった。

姜沆はこの赤松邸で四書五経を浄書し、朱子の注に従って訓点を施した。ここに初めて朱子の正統の典籍が日本で作られたわけである。また赤松広道の尽力で一室を設け、孔子を祀る儀式を行ない、惺窩もそれを習った。ここで姜沆の惺窩の人物評を見よう。

彼は大変聡明で、古文を解し、書についても通じていないものがない。性格も剛悄《ごうしょう》（強く厳しい）で、倭で受け容れられる所がない。内府（徳川）家康が、その才賢を聞き、家を倭京に築いて、年に米二千石を給した。舜首座（惺窩）は、その家を捨てて住まわず、扶持も辞して受けず、ただ若州少将（木下）勝俊、（赤松）左兵（衛）広道と交遊した。（『看羊録』）

1600（慶長五）年になると、姜沆らへの監視の目がやや緩む。そこで姜沆は惺窩や広道のひそかな援助を得て、船や金銭を手配して、二人の兄と家属十人、その他合わせて三十余人とともに、同年四月二日、伏見を出発した。故国釜山《プサン》に着いたのは五月五日であった。

その年の秋、関が原役のあと、家康に謁見した惺窩は、もはや相国寺僧ではなかった。「深衣道服」を着て、儒者として人びとの前に現われたのであった。家康の面前で、同席していた相国寺の豊光寺の住持・西笑承兌と激しい儒仏論争を展開し、惺窩の還俗を揶揄《やゆ》した承兌に対して「未だ君子を呼びて俗となすを聞かざるなり」「僧徒すなわち俗ならんことを恐る」とやり返したという。

惺窩のあと、日本朱子学はその門弟林羅山に受け継がれる。そして江戸幕府の正学として公認され、羅山の家は代々その学頭を世襲して幕末に至る。江戸時代に朱子学の果たした思想的、社会的役割については、多方面の角度から考えねばならないことが多い。けれども、この時の惺窩と姜沆の出会いがなかったら、少なくとも学としての朱子学の確立は相当に異なったものになっただろう。近世日本の思想史を考える上で、大切な交流であったわけである。

朝鮮被擄人の伝えた技術

文禄・慶長（朝鮮では壬辰《イムジン》・丁酉倭乱《チョンユウウェラン》という）の二度にわたる朝鮮侵攻は、姜沆のいうようにまさに無名の師《いくさ》であったために、朝鮮の国土と人びとに深い傷跡を残すことになった。日本でも働き手を失った農民、戦傷を負った兵士の家族、従軍のための貢納の強化など、さまざまな災厄が人びとを襲ったが、出陣した武将たちは前項でみてきたように、数多くの俘虜を連行してくることで、いくらかでもその埋め合わせを図ろうとした。そのうち、陶磁に携わる技術者、つまり陶工たちは、いろいろな出来事ののち、西南日本でやきものの新世紀を拓《ひら》く優れた仕事を成し遂げた。

著名なものを挙げると、李参平《イサンピョン》（?～１６５５）の有田焼、李敬《イギョン》（坂高麗左衛門《さかこうらいざえもん》　１５６９～１６４３）・李勺光《イチャククワン》兄弟の萩焼、苗代川で幕末まで朝鮮の風習を守りつつやきものを作り続けた沈寿官《シムスガン》など、その功績は計りしれない。あの戦乱を「やきもの戦争」と呼ぶいい方は、ここから生まれた。

このような人的資源の輸入、朝鮮側からいえば人の略奪の他に、さまざまな文物がいわば戦利品あるいは出陣記念品として日本に持ち込まれた。今、京都に限っていえば、次のようなものが挙げられる。

まず、取り上げられねばならないものは、朝鮮から持ち帰られた金属活字による活字出版である。金属活字といえば、その発明者はドイツ人ヨハン・グーテンベルグとされている。けれども事実はそうではない。はるか極東の朝鮮半島にその技術が生まれたのである。確証はないが、十三世紀半ばの高麗国の時代に、金属活字を用いた書物が印刷されたという。

朝鮮時代に入ると、１４０３（応永十）年、朝鮮王朝初期の太宗《テジョン》三年に銅活字が実用に供され、その年の干支をとって「癸未字」と命名された。けれどもこの活字の品質にもかなりの問題があった。朝鮮・韓国の全歴史を通じて第一の英主とされる世宗《セジョン》は、この金属活字の改鋳、すなわち技術改良に大いに意欲を燃やした。

その目的の一つは王朝に伝統的な修史事業をより立派なものにすることであり、もう一つは中国の書籍の印刷を大部にすることによって、国家の官僚やその登用試験である科挙の勉学にいそしむ知識層の知的レベルを飛躍的に向上させることであった。武断政治から文治政治への転換を成し遂げようというものである。

金属活字の原料である銅は、日本の対馬の宗氏との関係が安定するにつれ、容易に手に入れることができた。あとは活字鋳造の技術である。優れた書家とそれまでの木彫工を総動員して、この事業は足かけ十三年かけて、1434（永享六）年、世宗十六年に新鋳活字が揃ったことで一段落した。いわゆる「甲寅字」である。朝鮮はグーテンベルグに先立つこと三十四年の金属活字先進国であった。この場合、原材料提供国が日本であり、鋳造技術先進国が朝鮮であったことは注目されてよい。中世と現代では、文明の発展段階が現在とはまったく異なる様相を持っていたのである。

そして、秀吉のいわゆる「倭乱」のあと、銅活字が大量の書籍とともに日本へ持ち込まれた。一説によれば、宇喜多秀家（1573〜1655）か小西行長（?〜1600）の軍勢がこれを持ち去ったといわれる。それまで整版に頼っていた日本の印刷が、再生、組版をほしいままにできる活字を採用できたのは、この朝鮮古活字によって根本からの技術革新を成し遂げることができたためである。

1593（文禄二）年の後陽成天皇の勅命による「古文孝経」が、この朝鮮渡来の活字を用いて出版されたという。ただし惜しいことにその版は現存しない。

徳川家康はことのほか典籍蒐集と出版に熱心であった。青年時代、不遇であったことの引き換えに書に親しむことの多かったためであろうか。あるいは壮年期以降のブレーンの影響であろうか。閑室《かんしつ》元佶《げんきつ》（1548〜1612）、西笑承兌《さいしょうしょうたい》、林羅山に命じて、木活字または銅活字を用いて出版を急がせた。慶長年間だけでも『孔子家語』『貞観政要』『武経七書』などが相ついで開版されている。これらは最初、伏見に建てられた円光寺にその活字を与え、銅活字を鋳造させ、その他出版を予定している書籍を与え、その管理と出版にあたらせたため、「円光寺版」と呼ばれている。円光寺は下野国の足利学校の分校に擬せられ、元佶はもとの名を閑室元佶と称していたが、別名を学校元佶と呼ばれ、のち本校である足利学校第九世となった。ここで刊行された書籍は「足利本」と呼ばれる。円光寺はのち、相国寺山内に移され、さらに1667（寛文七）年に現在地の一乗寺に移された。今も当時の木活字とその関連出版物が同寺に遺されている。

やがて、この活字本の美しさが人びとの間に伝わり、いわゆる光悦本、嵯峨本にも取り入れられていく。銅活字はその鋳造の難しさも手伝って、日本国内ではそれほど普及しなかったが、それはともかく、整版のみに頼っていた日本の出版界が、木活字の採用によって、その質・量ともに、大きな変わり目を迎えたことは確かである。

戦乱の遺品いろいろ

大徳寺の塔頭《たっちゅう》高桐院は、細川三斎（忠興　1563〜1645）を大檀那として、1602（慶長七）

年に開創された。忠興が同寺の玉甫紹琮《ぎょくほじょうそう》（1546〜1613）和尚の甥であったことによる。この高桐院には、忠興とその妻ガラシヤを合祀したという三斎遺愛の石灯籠があり、細川家の菩提所となっている。また、書院の一隅に三斎好みの二畳台目の松向軒茶室が現存するなど、何かと細川家にゆかりの深い塔頭である。

ここの庭には「袈裟形の降り蹲踞《つくばい》」と呼ばれる手水鉢がある。使われている石は、もとソウルの羅城の塔身であったものを、加藤清正（1562〜1611）が「戦利品」として持ち帰ったものという。また一説に千利休が三斎に贈ったものである、とされている。「袈裟形」と呼ばれているゆえんは、側面に彫り込まれた模様からきている。

もう一つ、北野白梅町近くの椿寺、本当の名は昆陽山地蔵院というが、ここには「五色散り椿」と呼ばれる椿の木があって、そのため椿寺と通称されて名高い。

椿寺の椿の花は散りてこそ　　子規

ここの椿の花は寿命が長く、三月から五月にかけて、紅《くれない》・白・淡紅《うすべに》・紅白絞りなど、五色の花が咲く。その花の散るさまがあまりに見事なので、散り椿の名がついた。

五色の椿は奈良白毫寺《びゃくごうじ》にもあるが、椿寺の椿は加藤清正が朝鮮の蔚山城《ウルサン》にあったものを持ち帰ったという話である。それは秀吉に献じられて、北野大茶湯の時に当院に寄進した、というが、時期が符合しない。大茶湯は1587（天正十五）年に催され、清正が最初に出兵したのは1592（天正二十）年である。けれども、この寺の板扉は北野の多宝塔の遺構と伝えるから、もともと北野にあった堂塔の一部が当地へ移されたのかもしれない。

楽焼と一閑張

やきものの場合、前述のように、朝鮮陶工たちによる窯は西国で主として開かれ、京都で直接開窯した形跡はない。ただ、近世京都の茶陶を代表する楽焼の祖は、朝鮮渡来の人であった、という説がある。初代長次郎（?～1589）は天正年間（1573～92）に、千利休の指導で茶碗を本格的に作り始めた。そのごく初期の「ハタノソリタル茶碗」は、高麗茶碗にそっくりという評価が現代でもなされているが、「阿米夜」と呼ばれた長次郎の父は朝鮮渡来の人であったという。初めは瓦職人として、信長・秀吉があちこちで城普請をする時の屋根瓦を焼いていたのが、やがて利休の目にとまったらしい。

利休の孫、千宗旦（1578～1658）の後裔たちによって茶道が隆盛をきわめ、茶会のための諸道具の誂えが整備され、いわゆる「千家十職」と後世呼ばれたが、そのうちの一家、一閑張細工師の飛来《ひき》才右衛門（一閑　1578～1657）の祖もまた、海の彼方の人であった。ただ、こちらの場合は朝鮮ではなく、明国西湖飛来峯下の人であって、寛永年間（1624～44）に旧眠・養寛という者らとともに帰化した、とある。（大林雄也『大日本産業事蹟』）

このようにみてくると、京都は、秀吉が朝鮮出兵を企図し、「韓入り」を発動した土地でもあった。朝鮮の人びとからすれば「耳塚」のように、異邦の人びとに悲惨きわまる運命を強要したことの歴然たる証拠を積み上げている「呪うべき地」であった。だが、やきものの場合を別としても、印刷技術といい、戦場より持ち帰られた数々の「戦利品」「記念品」といい、それらはのちの京都の文化を彩っている。そして私たちが、今日なお、その余香をかぐことができる。そのことは、日本人としてこの戦役から何を学んだ、というべきことを問いかけている。

4 善隣友好の朝鮮通信使〈江戸時代〉

復交の舞台・京都

徳川政権の基盤が確立すると、秀吉の侵略のあと、朝鮮との関係をどう修復するか、ということがまず日本の最大の外交課題となったことはいうまでもない。朝鮮貿易によって死命を制されていた対馬藩がそれを急ぎ、家康がそれに乗った。

朝鮮国との国交回復の舞台もまた京都であった。朝鮮と国境を接する対馬は、室町時代から朝鮮国との交易が島の浮沈にかかわる生命線であった。ところが、豊臣秀吉の朝鮮、中国侵略というとんでもない戦争にまきこまれてしまい、その間の折衝やさらには派兵の先導役をつとめねばならない立場に立たされた。

対馬は秀吉の朝鮮国王参洛要求を秀吉の天下統一祝賀使にすりかえて朝鮮通信使を京都に迎えることとしたが、その後も秀吉は「征明嚮導」を朝鮮国に要求し、こまった対馬主はそれを明国に攻め入るために道をかせという説明で事態打開をはかろうとした。とどのつまり、対馬は小西行長軍とともに「唐入り」の先鋒役をになわされたのである。二度、足掛け七年の戦乱は対馬の社会と経済にとって大きな負担となった。兵士だけでなく陣地構築や兵糧の運搬と徴発、軍需物資の供出など、非戦闘員の根こそぎ動員によって島は荒廃した。何よりも島の経済の生命線であった朝鮮との交易の途絶は致命的であった。そのため秀吉の死によって日本軍が撤退した直後から対馬は独自に使者を釜山に派遣した。しかしもちろん朝鮮側はまともに相手にしない。使者は抑留されたか殺されたのであろう。だが日本に拉致されていた朝鮮の被虜たちのうち、幸いにも帰国できた人の報告によると、西日本一帯に膨大な朝鮮人がなお生き長らえ、帰国の願いをもっていることが判明した。他方では秀吉の死後、徳川家康が天下の覇権を握りつつある、という情報も手にした。

そこで朝鮮朝廷では戦争中に日本軍と戦い、豪胆で知られた松雲大師惟政《ユジョン》（四溟堂《サミョンダン》）を探賊使として対馬に派遣して戦後の日本の動向をさぐろうとした。そして対馬には、国交回復がととのったならば、そののちに交易再開を許す、とした。

伏見城での聘礼挙行

その交渉の舞台が京都だった。家康は1605（慶長十）年三月に京都伏見城で松雲大師と会見した。その会見実現まで二月あまり、松雲大師は上洛し上京の本法寺に滞在して家康の入洛を待っていたのだが、その間、家康の外交ブレーンであった相国寺の西笑承兌などの京都の高僧たちと詩文を応酬し、学問談義をかさねて親交をふかめた。そのことがその後の交渉を円滑にしたであろうことはいうまでもない。

伏見城での家康との会見には承兌も同席し、その席で家康は「私はあの戦争に直接加担したわけではない。被虜の送還は大名たちに全面的にすすめる」とのべたのである。

その帰国報告を受けて朝鮮側は対日復交を急ぐこととし、復交の条件である家康国書の到着と戦中に漢城府の王陵をあばいた犯人の到着を待って朝鮮国王の回答国書をもった「回答兼刷還使」の派遣にふみきった。

ここに以後二百年以上に及んだ「交隣関係」の基礎がかたまったのである。第一回の「回答使」は京都に二十五日間も滞在し、市内各所を見物した。長い戦乱の時代がようやくおわり、太平の世をまちのぞんでいた京の人びとがその象徴ともいえる朝鮮の大使節団の姿を心より歓迎したことは想像に難くない。

朝鮮通信使の京都通過は１６０７（慶長十二）年から１７６４（宝暦十四）年までの十一回であった。その宿舎は大徳寺三回、本圀寺七回、本能寺一回であった。そのうちの１６１７（元和三）年は徳川秀忠将軍が滞在していた伏見城で国書交換の聘礼がおこなわれたことであった。時はまだ大坂夏の陣がおわった直後であり、ようやく戦乱の傷が癒えた直後であったから諸大名や諸国の将兵たち、そして京坂の民衆もまた平和の到来と海外の大使節団を迎えての和平ムードを心から楽しむ気分であったろう。秀忠も上機嫌で一行をもてなした、と双方の記録はのべている。だがこの時、朝鮮使節団が宿館の大徳寺から伏見を往復する時、いやでも「耳塚」、正しくは「鼻塚」が目に入る。その実態はすでに使節団の耳に入っていて、一行は「痛骨にたえず」と記している。このあとも江戸からの帰路には三条大和大路から南下して大仏殿で一行は小宴を受けることが慣例とされていた。ところが１７１９（享保四）年の一行はとてもあのような悲劇の墳墓の前では宴を受けることができない、と抗議して断る。そのため三日間も紛争が続いたが対馬藩の雨森芳洲らの執りなしもあってようやくその宴は挙行することになったが、それ以降、紛争をさけるためにこの宴は取りやめとなった。

朝鮮通信使の名義は文字通り、信義を交わしあう、信《よしみ》を通じ合うという意味から名づけられていたのだが、第三回目までは「回答兼刷還使」として訪日してきた。回答とは、日本の国王である徳川将軍からの招聘文に対して朝鮮国王の回答国書を届けるという使命のことである。もうひとつの刷還とは、秀吉軍の侵略のただなかで拉致連行されてきた数万人の被虜の帰国を促すことである。信使一行の宿舎には数多くの被虜人がやってきて、拉致連行の状況をつぶさに語った。彼、彼女らは身の上を語りながら、帰還の意志を述べた。中には日本人との間に幼い子をもうけており、帰るに帰れない女性や、拉致された時から長い時間が経過してすでに朝鮮語を忘れてしまっている人もいた。この刷還を望む人々は時間の経過とともに減り、そのため、第四回目の1636（寛永十三）年からは通信使という当初目的通りの名となった。いつの時代でも大きな戦乱の傷が癒えるには長い年月が必要なようだ。

さて、1607（慶長十二）年四月、修好および家康書簡に対する回答兼刷還使が来日した。この家康書簡というのは功を急いだ宗氏の偽書ということが通説となっているが、そうではない、とする研究者もいる。

1617（元和三）年の使節は将軍秀忠（1579〜1632）が伏見在城であったため、江戸へ赴くことなく、伏見城で国書交換、将軍と尾・紀・水の三家による饗応などの外交儀礼を全て済ませたように、京都がなお事実上の首都であった。

十一回の使節団を迎えた京都の宿舎は、第一回から1624（寛永元）年までの三回は紫野大徳寺である。徳禅寺、真珠庵、天瑞寺、総見院など山内の塔頭のほとんどが、四百名から四百五十名を超える大使節団に提供された。

第四回の使節を迎えた1636（寛永十三）年から1764（宝暦十四・明和元）年までの八回のうち、七回は下京の六条堀川にあった本国（圀）寺であった。第四回目から宿館がどうして本国寺に移されたのかはよくわからない。あとの一回、1719（享保四）年は本国寺大破のため、例外として淀泊り、本能寺休憩、大津泊りの予定とされていたが、荷駄配送手配のミス、正使の病気、帰路には大仏見物をめぐる紛議などが重なって、往路、復路とも本能寺に宿泊することになってしまったのである。

この三カ寺のうち、本国寺と本能寺は天明の大火で堂塔の大方が焼失したため、ほとんどその記録が伝わらず、使臣一行の残したであろう遺品もみられない。大徳寺の場合も寺側に記録がなく、わずかに二つの塔頭に朝鮮人の書いた扁額が伝わるにとどまっているらしい。

けれども幸いなことに、朝鮮使節の一行は日本事情の掌握が使節団差遣の目的の一つであったから、使節団中の高官によるくわしい使行録が毎回残された。また一行には正使を含む三使や通訳官、書記の他、写字官、製述官をはじめ、医師、画家など一流の文化人を帯同してきていた。そのため日本の儒学者、文人、墨客などが争ってその宿館に押しかけ、筆談をかわし、詩文を応酬し、漢籍の注解を求め、即興画とその画讃を望んだ。ここに朝鮮使節との交流は一大文化交流の場となった。朝鮮使節の一行のある記録は、あまりに多くの日本人が押しかけたため、連夜鶏鳴の頃まで眠られなかった、と述べている。そして押しかけた日本人のほうでもその様子を記録したり、通信使来日の後半期には版行したりする者もあって、それらからその華やかであった文化交流の場面をある程度復元することができる。

藤原惺窩《せいか》については前章に述べたとおりであり、その門人林羅山（1583〜1657）は将軍侍講であったから、いわば幕府の文化担当係官であると同時に朝鮮国王への返書の起草にもあたった。

この羅山の勧めにより、洛北詩仙堂に寓居していた石川丈山（1583〜1672）は本国寺に第四回の使節団を訪ね、書記官権侙《クォンシク》（号菊軒）と筆談し、詩作の贈答をした。丈山の伝記によれば、権学士は「筆を操る詞峰、飛ぶ如く、弁論流るが如く、丁真詠草、欧爛蘇潮も多くを譲らず、希世の達才なりというべきか」という。これに対して権侙も丈山のことを「あなたは日東（日本）の李杜（李白・杜甫）なり」ともて囃している。

また本能寺が宿館とされた時には京都の京華書房主人・瀬尾維賢（号用拙）が訪ね、製述官申維翰《シンユハン》、書記の官張応斗《チャンウンドゥ》、書記成夢良《ソンモンヤン》と会い、筆談応酬を重ねて、その記録を翌年にまとめて刊行した。この時、堀川の古義堂伊藤東涯（1670〜1736）とその弟梅宇も、成夢良との交流があった。東涯は父・仁斎の古義学説を受け継ぎ、孔孟の教えそのものから学べと説いていたが、そのことは朱子学一辺倒だった朝鮮の儒学者に大きな刺激だった、という。

対馬以酊庵輪番僧と京都五山僧

京都と朝鮮の文物を結ぶもう一つのルートとして、対馬の以酊庵《いていあん》輪番制がある。

これは幕府草創の頃、先述のように対馬藩宗氏とその家老柳川氏が家康の国書を偽造してまで復交を急いだのだが、そのことを家老の柳川氏が暴露した。ことの重大さに驚いた幕府は対馬藩主と柳川氏当主双方を江戸へ呼び、将軍家光（１６０４～５１）じきじきの裁決で問題を処理することになった。１６３５（寛永十二）年のことである。この時以後、将軍の自称は「日本国源（徳川氏は源氏を称していた）某」とし、また朝鮮からの他称は「日本国大君」殿下と改めることとなった、いわゆる「大君外交」である。そして宗氏は無罪、柳川氏のほうに主たる非あり、として津軽藩へ流罪とし、これからは京都五山のうち、天龍寺、東福寺、相国寺、建仁寺などの高位にある僧侶を硯学僧として対馬の以酊庵という寺院に派遣し、現地で対馬藩のお目付役として外交文書の作成、点検、翻訳などの作業にあたらせることとした。この外交僧たちは当初一年、のちに二年交替で順次対馬へ赴いた。彼らは京都へ戻ってくるごとに対馬にもたらされた朝鮮の文物を手土産として持ち帰った。この制度は幕末まで続いたから、対馬経由の朝鮮土産も連綿として京都へもたらされたことになる。

相国寺第九十五世住持、そして鹿苑寺独住第二世の鳳林承章《ほうりんしょうしょう》（１５９３～１６８８）の残した『隔蓂記《かくめいき》』という日記には、それらの対馬以酊庵ルートによる寄贈の品々のことが限りなく登場する。鳳林承章自身は対馬へ行かず、わずかに１６３６（寛永十三）年にたまたま江戸にいた承章のもとへ大老酒井忠勝（１５８７～１６６２）から朝鮮使節への返書を浄書する役を仰せつかったこと、京都で両三度、朝鮮使節と見物することができたこと、くらいしかこの外国使臣と接することはなかった。

『隔蓂記』には以上の出来事がくわしく記録されているほか、使節一行から贈られた朝鮮絵師の手になる水墨画や高麗墨を人を通じてもらったことも記されている。

一方、対馬から帰洛した五山僧により届けられた珍品には次のようなものがあった。たとえば1657（明暦三）年に対馬から帰洛した建仁寺の茂源紹柏《もげんじょうはく》（生没年不明）からは、高麗胡桃二袋、朝鮮扇一柄、朝鮮筆一双をもらった。1659（万治二）年には相国寺の覚雲顕吉《かくうんけんきつ》からは高麗茶碗一箇、高麗焼大皿十箇、高麗胡桃一折、朝鮮筆一双、朝鮮大墨一梃を贈られた。その他この日記に登場する朝鮮物は松子・松子笠、朝鮮芙蓉香、朝鮮青紙、朝鮮薬酒、高麗細工食籠、大扇、高麗煎餅、朝鮮内袴、高麗剃刀、朝鮮人参、徳利などである。承章はこれらの品物を親交のあった後水尾院（1596〜1680）をはじめ、さまざまの人に贈っていた。中でも朝鮮伝来の「黄精薬」という一種の強壮薬を手に入れ、後水尾院に再三献上している、院はことのほか喜んだという。

これらの品物は承章だけではなく、以酊庵輪番僧や対馬藩出入りの対馬商人などが高級贈答品としてやりとりしていたにちがいない。この時代の大名、院、公家、上層武士や特権町人、さては文人墨客はこれらの珍品佳肴や文房の諸具をことのほか珍重していたのであろう。まさに京都における「朝鮮かたぶき」を物語る記録であった。今もそれらの文物のあるものは、どこかの寺院などにひっそりと残されているのだろう。

以酊庵輪番僧のかかわった交流でいえば、まず相国寺の慈照院をあげねばならない。この塔頭からは幕命によりたびたび輪番僧を対馬の以酊庵に出しているが特筆すべき僧侶は別宗祖縁（1667〜1714）である。祖縁は元禄年間に輪番僧として対馬に赴いてその任を果たしているが、1711（正徳元）年の通信使来聘のときには加番役という臨時の接待役を命じられて大坂より江戸までの通信使一行に随行した。

そしてこの時の正使の趙泰億、副使任守幹、製述官李邦彦らと漢詩文の贈答を含めた交流をたびたび行い、その親筆が同院に「韓客詞章」四巻として現存し、２０１７年にはユネスコ世界記憶遺産（世界の記憶）に登録された。また建仁寺にも朝鮮通信使ののこした扁額や釣鐘、その他の遺品がすくなからずある。このほか、泉涌寺には狩野益信のえがいた屏風絵「朝鮮通信使歓待図」、京都大学総合図書館には対馬藩が制作した国書などがあり、いずれもユネスコの世界記憶遺産に登録されている。京都の町と朝鮮通信使を見物の市民を描いた絵画はいわゆる「洛中洛外図」にもすくなからずみることができる。中でも奈良県橿原市・今井町本の「洛中洛外図屏風」には東寺周辺から都大路を通り、二条城の前を通過する朝鮮通信使の大行列と見物の市民の姿がいきいきと活写されている。江戸時代初期から中期にかけての京都の街並みとさまざまな市民の姿とともに朝鮮からの賓客がえがかれている情景は今も見る人の心をうつ。

後の時代になっても徳川将軍家からのお裾分けは慣例となっていたようで、将軍家が江戸城で朝鮮国王から数々の贈品を受け取るや、早馬を仕立てて京都へ高麗人参、繻子、その他の品々が天皇と法皇にとどけられている。また天皇とその周囲の人々も京都を通過するがその様子を直接に見聞することははばかれてもさまざまな手段で朝鮮通信使のありさまを見ようとこころみている記録がのこされている。たとえば家仁《やかひと》親王は１７１９（享保四）年の京都での通信使の記録を「日次記《ひなみき》」として残しており、また後桜町天皇の日記にも江戸からの贈物のことや周囲の女官たちが通信使見物のためにひそかに町中にくりだしたことものべられている。

5 泰平の時代の海外と京都〈江戸時代〉

幻の「鎖国」体制

江戸時代は「鎖国」の時代だった、というのは日本人一般の常識となっている。なにしろ学校教育の場で何度となく「鎖国」という言葉が使われ、社会一般でも新聞・雑誌、テレビなどのマス・メディアなどで多用され、歴史小説や歴史ドラマでもなんのためらいもなく用いられているのだからやむを得ない、といえるかもしれない。けれども、そのこと、つまり江戸時代は「鎖国」時代であった、ということよりも、言葉の使われ方としても、事実としても「鎖国ではなかった」ということのほうが正しい。

第一に、1633（寛永十）年以来、数年の間に出された幕府の数々の「覚」「定」の文書には、鎖国という用語は一度も使われていない。それどころか、初めて「鎖国」という言葉が用いられるのは、はるかに時代が下って十八世紀の後半である。正確にはドイツ人医師であり、博物学者であったE・ケンペル（1651〜1716）の『日本誌』を邦訳した長崎の通詞・志筑忠雄《しづきただお》（1760〜1806）がその一章を「鎖国論」と名付けたことに始まる。日本語としても、もともとなかった言葉である。

第二に、いわゆる「鎖国」と呼ばれる体制は、キリスト教の厳しい禁制の他、武士や大名が長崎の外国人と直接貿易を行なうことを禁じ、外国船の入港を中国船、オランダ船に限定してそれ以外の外国人の入国禁止と、日本人の海外渡航の全面禁止、すでに出国している海外居住日本人の帰国禁止を命じた一連の措置である。このことのねらいは、まずなによりも幕府が貿易独占権を握ることであった。西国大名や上方の商人が以前のように海外貿易で巨利を得ることは、江戸幕府の目指した全国単一統制経済の支障になる、と考えたのである。経済を幕府が握らないことには、中央政府としての幕府の政権基盤も権威も怪しくなってしまう。そして貿易の利益を長崎奉行から糸割符などの特権商人へのルートに限定し、そのプロセスで幕府の懐へ利益がころがり込む、という算段を考えたわけである。

この制度は中世、中国の明王朝がとった海禁政策とよく似ている。明王朝はそれに加えて周辺諸国にI－6章でみたように冊封体制をとってその権威を高め、安全保障の支えとした。徳川政権はどうやらそれに倣おうとしたフシがある。

第三に、寛永年間から始まるこの海外との交易、通商、それに修好体制にはいくつかの風穴があった。その第一の風穴はさきに述べた朝鮮王国との窓口である。これは最大の風穴であって、しかも相互に国書のやりとりをする正規の外交関係が幕末まで続き、それに対馬藩の藩貿易が通商体制として公認された。

第二の風穴は長崎であって、これは中国貿易が主で、オランダ貿易は従であった。しかしこの両国との関係は貿易のみで外交関係はもとうとしなかった。第三は薩摩藩が琉球王国を従える、という形の南海方面の風穴である。島津氏はこの立場を利用してずいぶん密貿易をやったらしい。第四ははるか北方、北海道の松前藩と「蝦夷《えぞ》」人、近代ではアイヌと呼ばれる人びととの交易である。松前藩は米が生産できない土地柄であったから、もっぱらその藩財政は、サケ、コンブ、ニシン、クマの皮など、北海道特産物の交易に依存していた。しかし、松前藩は先住民族との言葉・風習の違いを悪用して手荒な取引を行なうことが多かった。

このように、江戸時代には四つの対外応接窓口がはっきりと存在していた。だからのちにみるように、江戸時代の日本文化はこの日本列島がそれまでに保存していた文化を純粋発酵させたのではなく、絶えずこれらの窓口から入ってくる異文化の香りに触れ、あるいはそれを汲みつつ、爛漫たる花を咲かせていったということが正しい。

ただ、江戸時代も後半になると、それぞれの窓口での貿易額の減少がみられた。また、ロシアやイギリスなどの開港要求も相継ぎ、幕府はそのつど外国との交渉はしないことが「祖法」である、と強弁してのがれていた。その結果、鎖国的実感がある程度行き渡ってきたことも事実であろう。

京都はこれら四つの窓口のうち、松前藩の蝦夷交易を除き、あと三つの窓口からの文物や使節の交流が何らかの形で入ってきた町であった。いや、北海の産物も、北前船によって大坂に輸入され、コンブやニシンの干物などが京都人の一部にたいへんな御馳走として登場したこともあったから、これとて無縁であったわけではない。

山門の内は明代の中国

今、日本の中の中国といえば、多数の在日華僑の人びとが集住し、中国風の飲食店や商店が賑わいを見せている横浜や神戸の「中華街」を思い起こす人は多いだろう。

この日本の中の中国は江戸時代にもすでに生まれていた。しかし場所は横浜・神戸ではなく、長崎とわが京都南郊の宇治である。長崎は民間貿易を許されていた中国人の海商たちが集住し、「唐人屋敷」を構えていたが、その貿易総額はオランダ東インド会社の「出島貿易」よりはるかに多く、少なくみても二〜三倍の商品が中国船によって取引されていた。したがって長崎では日本名を名乗る「唐通事」が唐船貿易の運営にあたり、商人たちは唐人屋敷で、長崎で一生を終えた者も少なくない。

そのような在日中国人は中国から自分たちの文化をこの地に移植した。中でも崇福寺、興福寺、福済寺のいわゆる三福寺は彼らの日常の信仰生活の拠り所であり、この地で亡くなればそこで中国式の葬祭儀礼によって葬られた。

隠元隆埼《いんげんりゅうき》(1592〜1673)はこの三福寺の中国僧や信徒たちから再三懇請されて1654(承応三)年来日した。当初は三年間の約束であった。ところが任期の後半、京都妙心寺から隠元招請の動きがあったため、妙心寺の龍渓宗潜《りゅうけいそうせん》(生没年不明)の住持する摂津富田の普門寺にまず入る。ところで、上方で「隠元来る」の報は僧俗各方面に大きな反響をまき起こしたらしい。京都所司代を致仕《じし》した板倉重宗(1586〜1656)がまず隠元の魅力のとりこになってしまう。一方で中国からは隠元の師筋や高弟たちから帰国の催促がくるが、隠元のほうは妙心寺、東福寺に遊び、1658(万治元）年には龍渓の勧めによって江戸に上り、とうとう四代将軍家綱（１６４１～８０）に謁見してしまう。どうやら隠元にとっても日本は住み心地がよくなってきたようだ。

このようにして幕閣への道が通じると、あとは速い。老中酒井忠勝（１５８７～１６６２）の隠元引き留めの説得が効を奏し始める頃、隠元による一山開創の許可を与える工作も並行して進められたのであろう。将軍家綱の意向も働いて、１６６０（万治三）年初冬には洛南宇治の大和田に新寺を開くことが決まり、翌１６６１（寛文元）年、隠元は七十歳で晋山、ここに新宗開創のことが本決まりとなった。山名と寺名は福建省福州にあった隠元の故寺の名そのままをとって、黄檗山萬福寺《おうばくさん》とした。のち、前者を古黄檗・唐黄檗といい、後者を新黄檗・今黄檗とも称した。

１６６３（寛文三）年、祝国開堂。宇治郡一帯を中心に四百石の寺領を許され、堂々たる新創開山となった。

隠元の意志により、伽藍の創建にあたって福建省の人・苑道生（生没年不明）を招き、すべて当代明様のものとし、荘厳する仏像もすべて明様とした。今日見る十六羅漢像や、いにしえの日本や朝鮮の弥勒菩薩像を見慣れた目には、唖然とするばかりの中国様弥勒菩薩像も彼の手に成る。

したがって、伽藍も隠元の指図どおり、中国の古黄檗をそのまま移したと思われる独特の配置である。それぞれの建物と建物との間は、すべて長い回廊で結ばれている。天主殿と呼ばれるユニークな仏堂もある。「卍《まんじ》くずし」と呼ばれる欄干を見るのも楽しい。しかもこれらの建造物の用材は日本産を用いず、すべて西域材と呼ばれたチーク材をわざわざ輸入して用いたという。今日の言葉でいえば、「凝りに凝った」わけである。

隠元の黄檗宗では、禅宗のこととて、坐禅はもとより必修としたが、そのほか、南無阿弥陀仏の行道を重視し、一部に真言陀羅尼も取り入れたため、その清規《しんぎ》は「外形は浄土宗のようで、内は禅宗の教義のようだ」とその印象を語っている人が多い。勤行に鐘鼓・木魚・拍手を多用するところなどもずいぶん珍しがられたようだ。

こうして東海扶桑の地に一山を開いた老隠元は、初めの決心をひるがえして、この地で生を終えることを決意した。開山後十年にして、隠元は山内で多くの弟子に看取られ、示寂した。齢八十二。後水尾院からは「大光普照国師」号を諡られる。隠元の場合、決して亡命僧ではなかった。

三年という時を限っての文化交流のつもりが、居心地がよくなり、新たな使命感も燃え上がって、とうとう永住、異国の地に骨を埋めることになったわけである。

この萬福寺では、隠元以後、十三世の竺庵浄印《ちくあんじょういん》（１６９６～１７５６７）まで中国人渡来僧が歴代住持を勤める。山内では明音の読経が流れ、日本語が通ぜず、方丈を除いて畳のある建物はなく、扁額、聯額などの大文字の名文句やその他の墨蹟とともに、異国情緒を満喫させる境地を現出した。この寺で茶礼のあとに供される普茶料理は、精進料理の一種であるが、胡麻油などを多用した豆腐料理など、僧堂の生活面も中国ぶりがそのまま持ち込まれた。

この寺には武人・文人の来訪が多く、京都所司代・代官・伏見奉行・在京目付は毎年来山することとされ、後水尾院や月卿雲客の往来もあった、という。

海外の文物を直接肌で知ることのできる江戸時代京都の、貴重な「文化空間」であった、というべきであろう。

まさに「山門を出ずれば日本ぞ茶摘み唄」である。

西陣織と朝鮮問屋

「異国之蚕、本朝之機」

これは寛政改革の中枢人物、老中松平定信（1758～1829）が自書して、西陣から生産された織物にかかわった言葉らしい。

今日でも京都を代表する伝統産業の第一に挙げられるのは、いうまでもなく西陣織である。その伝統ははるか平安時代の織部司、そしてそれを受け継いだ大舎座《おおとねり》に求めることができるが、西陣機業が大規模に展開されるようになったのは応仁の乱後、ようやく戦火がいえた近世をまたねばならなかった。

西陣織は先染めの糸を材料とするところに特色がある。そこから目も鮮やかなさまざまのデザイン、紋様が織り出される。では、その糸はどこからもたらされたのであろうか。

江戸時代の中期以降は日本国内の生糸生産が軌道にのってくるが、それまでは外国産生糸にそのほとんどを頼っていた。先ほどの松平定信が西陣に与えた八文字も、実は輸入による失費を憂い、できるだけ国産の糸、つまり和糸をひろめようとするところにねらいがあった、といわれている。しかし、それまでは原材料である白糸は、その大部分が外国産であった。幕府は長崎で買い付けた唐糸、すなわち外国産生糸を糸割符を持った特権商人に売り、糸割符商人から「分糸屋」と呼ばれる仲買を通じて西陣へ持ち込まれる。この分糸屋はのちに国内産生糸の生産が進むにつれて糸問屋に発展していくが、少なくとも正徳から享保（十八世紀前半）までは言葉どおり、分糸屋の存在が大きかった。そして長崎からの外国産生糸、その多くは中国とオランダとの貿易による。しかしもう一つの貿易の窓口である朝鮮からの輸入品も、かなりの割合で入っていた。

そこで、本題に入る前に、長崎での貿易の主流は何であったのか、ということと、江戸時代の対外関係のもう一つの窓口であった朝鮮との貿易関係を考えてみることとしよう。

ふつう、日本人は江戸時代といえば「鎖国」、そして長崎のオランダ商館による貿易のみが唯一の窓口であった、という思い込みが強いが、先述のように本当はそうではなかった。また、オランダ貿易の研究やオランダ商館長のもたらす海外情報や彼らのさまざまな日本見聞記が名高い。けれども、長崎でのもう一つの商売相手である中国商人との貿易関係を調べた研究は、今でも決して多いとはいえない。まして朝鮮貿易についてはきわめて少ない。しかしその実は前項で述べたように、長崎についていえば、対外貿易の主流はむしろ中国貿易であった。今、長崎の最も賑やかな祭礼が中国風のペーロン船による祭であり、長崎の代表的な名物料理といえば、中国風の食事様式をそのまま持ち込んだ卓袱《しっぽく》料理であることが、そのことを何よりも雄弁に物語っている。

江戸時代の対外貿易という場合、薩摩の島津藩による琉球王国との交易もあった。しかし、それよりもっと規模、意義が大きかったもう一つのルートがあった。

それは対馬藩による朝鮮貿易である。徳川政権による朝鮮修好体制を急がせたのは、この対馬藩が朝鮮との安定した外交体制と室町時代同様に対朝鮮貿易が藩死活の課題であったために、国書偽造を画策してまで、対朝関係の修復と貿易再開を急いだことによる。

1609(慶長十四)年、対馬藩主宗義智《そうよしとし》(1568~1615)と朝鮮政府との間で結ばれた「己酉約条《きゆうやくじょう》」は、江戸時代初の、そして江戸中期には衰退したものの、少なくとも二百年にわたって存続した日本と朝鮮の唯一無二の通商条約であった。全文十二カ条からなるこの条約は、両国使臣の応接の仕方、島主などに許された年ごとの貿易船の隻数、朝鮮国王から対馬に贈られる米・豆の定め、対馬島主の渡航にかかわる書契(渡航許可証)、使行する人の渡海経費のことなどから成り立っている。長崎出島のオランダ商館との対比でいえば、この条約により対馬藩は釜山浦《プサンポ》に出島の数十倍の面積を有する寄留地を持ち、両国通交・通商のことにあたることになったことはもっと知られてよい。ちなみに、釜山の倭(和)館の広さは十万坪、出島オランダ屋敷のそれはわずか四千坪、のちの長崎唐人屋敷でも一万坪にすぎない。

対馬藩は幕府に代わって朝鮮との外交実務にあたることとの見返りとして、朝鮮貿易の独占を許された。その朝鮮貿易の藩直営の国内での通商センターの役目を主に果たすことになったのが京都の対馬藩屋敷である。

対馬藩京都屋敷は当初、西陣の一角である堀川中立売下ル町にあったらしいが、享保(1716~35)の頃には本能寺の東裏に、北隣の加賀藩屋敷と並んで高瀬川畔に移っていたという史料がある。いうまでもなく、高瀬川の水運を利用するためである。それにしても、長州、加賀、丸亀、土佐藩などの大藩と並んで辺境の小藩がこのような一等地に割り込むことができたのは、よほど対馬藩の藩貿易の重要性とその品目の変化が要路者にも理解されていたためではないか、と思われる。しかもその坪数は千坪に近い、というから、結構大きな場所を占めていた。

一方、江戸時代の京都の町家、社寺、旧跡などの便覧である『京羽二重織留巻六』を見ると、三軒の「朝鮮問屋」というものがあって、その名と所在地は次のとおりである。

浅水源兵衛　　油小路出水上ル町
井筒屋平左衛門　中立売新町西入ル町
立入伝右衛門　　新町通中立売上ル町

この三軒は「右ハ宗対馬守殿呉服所なり」という。

以下、田代和生氏の『近世日朝通交貿易史の研究』によれば、対馬から藩の京都屋敷へ持ち込まれた輸入品の主なものは、白糸つまり生糸であった。この朝鮮貿易による白糸および絹織物の販売数量を中国・オランダ貿易との数量で比較してみると、1708（宝永八）年から、朝鮮からの生糸輸入が途絶する1741（寛保元）年までの間で、中国・オランダ貿易によるものが約百六十万斤、これに対して朝鮮貿易は四十二万斤、約四分の一に迫る数量であった。

対馬藩京都屋敷に持ち込まれた輸入商品は二つのルートに分かれて流通する。そのうちの白糸は前記三軒の朝鮮問屋から生糸仲買人である「分糸屋」へ（前記数量の比較は分糸屋へ入った商品の数量である）、絹織物などは「室町着物問屋」へ入る。

また藩では烏丸御池下ル町の深江屋庄兵衛という者を指定両替商に指定し、金融商品として生糸などを活用した。つまり、朝鮮からの輸入商品を担保として深江屋に渡し、その見返りとして朝鮮への輸出に欠くことのできない丁銀を手に入れていた。この取引は三井京都店が取り扱い、全国市場に流通させ、また銀の用立を行なっていたという。

江戸後期に入ると、日本からの金・銀・銅などの鉱産物の産出減少が災いして、海外貿易はしだいに振わなくなり、対馬藩もその影響を真正面に受けて、朝鮮貿易もしだいに先細りとなってしまう。けれども少なくとも江戸中期まで、京都の対馬藩京都屋敷は朝鮮と日本、わけても西陣や室町の織物加工産業を結ぶ一つの流通パイプを形成していたといえる。

前記田代和生氏の言葉を借りていえば、近世の日本へのシルクロードであり、日本からのシルバーロードであったわけだ。京都はその双方のターミナルの役割を果たしていたのである。

琉球使者の京都入り

朝鮮から来聘した通信使ほど大がかりではないが、もう一つの異国風の賓客が江戸時代にあった。それは「琉球王国」から江戸の幕府に対して東上してきた「慶賀使」「謝恩使」などと呼ばれた使節である。

中世、琉球王国はレッキとした独立国家であった。三山統一を達成した第二尚王朝（1372〜1609）は中国の海禁政策の結果として、南海方面と東北アジア、つまり日本や朝鮮との唯一の中継地点となり、絶好の地の利を得ることとなった。ここに明王朝の冊封を受けつつ相互の交易を進める海上貿易王国が誕生したのである。しかし、この貿易王国は約二百五十年で終わりを告げる。直接的には1609（慶長十四）年、薩摩の島津氏が琉球王国へ武力侵略を敢行し、平和な南海の楽園をたちまちのうちに蹂躙《じゅうりん》してしまったのである。しかも琉球王国の貿易自体も、ポルトガル人、オランダ人などのいわゆる南蛮船・紅毛船の進出、中国の海禁政策の緩和、朱印船と呼ばれた日本商人の進出によって大きな転換期を迎えつつあった。島津氏はそういった日本商人の海外進出による貿易を横合いから強引に手中にしようとして、武力で有無をいわせず琉球王国を抑え込み、中国との進貢貿易によってそれらの商品をも中継商品として運用していた琉球王国の貿易権益を、わが手に収めようとしたのである。

この企てはいともあっさり成功した。武備らしい備えを欠いていた琉球王国はあえなく戦国の激戦を生き抜いてきた薩摩兵に蹂躙されて、尚寧王（1564～1620）は1609（慶長十四）年に降伏した。ことのありようは、南蛮伝来の薩摩兵の鉄砲が、南島の王者を皮肉にも征服したのである。

島津家当主家久（1578～1638）は尚寧王を捕虜として薩摩へ拉致《らち》した。そして家久は尚寧王を引き連れて江戸へ参府する。

その時、一行は大坂に達し、淀川を遡《さかのぼ》って伏見に入る。名目はあくまでも薩摩島津氏の捕虜である。関が原役後、何かと徳川氏に肩身の狭かった島津氏の点数かせぎの色合いも濃厚である。だが捕虜とはいえ、その扱いは軽々しくはなかった。島津氏としてはできるだけ征服国の「王」を重く見せることが必要な演出でもあったわけである。

京都へは1610（慶長十五）年七月初旬に到着した。出立は七月二十日である。この時、家康は駿府城にあり、そこで島津家久に連れられた尚寧王と対面、さらに一行は江戸へ上って、すでに将軍職を継いでいた秀忠に謁した。帰途は中山道を経て京都へ立ち寄り、薩摩へ向かった。

この時の尚寧王は征服国の首都に連行される被征服国の王という哀れな立場であったが、幕閣は一行の沿路の「御馳走」、つまり迎接の準備は、先の1607（慶長十二）年に迎えた朝鮮使節の例に倣うよう通達を出しており、江戸城での饗応も粗略ではなかった。中国においても琉球王国は朝鮮王国に次ぐ第二位の冊封国であり、徳川幕府はそれに倣って、幕威を誇示しようとしたものとみられる。

このあと1634（寛永十一）年から1850（嘉永三）年まで、計十八回の琉球国使節が国王襲封の「謝恩使」または将軍の新立祝賀のための「慶賀使」として薩摩藩主とともに参府することとなった。参勤交代の亜型であるとともに、幕府と薩摩藩が「準外国」を朝鮮国と同様に参府させている、という権威の誇示である。

一行は朝鮮通信使の規模の約四分の一、百人程度の人員であったが、正使は国王の子、孫または親族から選ばれたいずれも教養高い人士であり、朝鮮使節と同様に「楽正」と呼ばれる音楽指揮者以下のアーティストを同行して、江戸城で琉球音楽、実は中国音楽であったらしいが、それを奏楽して人びとに異国ぶりを見せつけた。

この琉球使節は1610（慶長十五）年と、もう一回、1634（寛永十一）年に京都市中に入っている。この時はたまたま将軍家光が京都二条城に滞在中であったため、慶賀正使佐敷《さしき》王子（生没年不明）、謝恩正使金武《きやん》王子（生没年不明）が二条城で家光に謁見した。寛永度の献上物は国王分、佐敷王子分を合わせて次のようなものであった。（『通航一覧』琉球国部）

太刀二振、銀三百枚、糸五百斤、天鵝絨《ビロード》五十反、結仙香三箱、香餅二盒、竹心香三箱、焼酎五

壺、馬代銀五十枚、羅抄《らしゃ》（紗）十一間、芭蕉布五十反、官香十把他

このあとの琉球使節は京都市内には入っていない。通例、大名の参観道中は幕府が天皇と大名の接触を嫌ったため、京都市中に入ることを禁じていたからである。したがって、一行は淀川の船旅から伏見で上陸して、伏見の薩摩藩邸に入り、深草から伏見街道を通って山科追分へ、そして次の宿泊地である近江石部または大津へ向かった。帰路も同様である。

宮城栄昌氏の『琉球使者の江戸上り』には、十九世紀前半の上賀茂神社神官の出である松田直兄《なおえ》（１７８３～１８５４）という人物が書いている「貢の八十船」という記録によって、一行の模様を次のように紹介している。

引つづきて耳馴ぬもの音どもをわななかし来れるはうるま（琉球）人なり、中山王府恩謝正使などいふ牌をさきに立てすへて、たけ（丈）たち尋常より少しひくく、髪はしどろに結て、白かね（金）真鍮などの笄ふた本を指たり、色白からず眼つき髭のさま、衣かさ沓（くつ）などことわりにみなから（唐）めきたり、銅鑼・ひちりき・喇叭《らっぱ》・鼓などのたぐひ、なべてことなるやうなる楽人を先に立て、雲鶴ゑがける橋に乗れるは、豊見城《とみぐすく》王とかいへる正使《つかひざね》なり。

同書はまた『三国通覧図説』を引いて、１７６４（明和元）年度の正使読谷山《よみたんさん》王子（生没年不明）の和歌七首を紹介しているが、そのうち、京都近傍の二首は次のとおりである。

伏見の里に月を見て
いつもかくかなしきものか車まくらひとりふしみの夜半の月かけ
深草にて
降雪《ふるゆき》にうつらの床のうつもれて冬もあはれなふかくさのさと

旅中の哀情とともに、無理じいに「城下の盟」を誓わされた使節の真情が率直に詠われている、とみるべきであろう。

オランダ使節と殿上象

江戸時代に一般の日本人が見ることができた唯一のヨーロッパ人はオランダ人であった。けれども、彼らは長崎出島のオランダ商館にのみ居住を許され、その出入りは厳重に警戒され、一般の日本人との交流は絶えてなかった、といってよい。彼らが自嘲ぎみに述べたように、「国営監獄」へ閉じ込められていたのである。

けれども江戸以西、瀬戸内の山陽路から東海道沿いの日本人は彼らを見かけることは可能であった。それは１６３３（寛永十）年から毎年一回、オランダ商館長が貿易許可の御礼言上と献上品贈呈のため、はるばる江戸へ参府することが定められたからである。１７９０（寛政二）年からは貿易取引額減少のため四年に一回と減らされたが、それでも通算百六十六回にのぼる。それにこの参府制度が定められる以前も、国書授受や朱印状受領のため、平戸または長崎のイギリス人やオランダ商館長、または通商責任者が十二回東上しているから、その合計回数は百七十八回に達する。このうち、1616（元和元）年のヤクエス・スペック（生没年不明）商館長は京都で最晩年の家康と謁見し、また1626（寛永三）年のイサーク・ボーハルト、クーンラート・クラーメル（ともに生没年不明）の両商館員は大御所秀忠と京都で会見している。慶長から元和にかけて、徳川政権は、伏見城を中心に、まだ京都で執政していたため、京都はなお事実上の首都であり、朝鮮使節、琉球使節の場合と同じく、京都で外国使臣との会見がしばしば執り行なわれていたのである。

江戸が名実ともに政治首都としての地位を確立するのは、三代将軍家光の治世が軌道にのり、禁裏対策が完了し、大坂残党の牢人《ろうにん》問題も片付き、他方、外交面では数々の海外貿易、渡航の制限が厳重になってからのことで、寛永も二ケタになってからである、とみてよいだろう。

それはともかく、はるばる江戸に赴いたオランダ人は、どこでも好奇の目で迎えられた。オランダ人のほうは長旅ではあったが、出島の籠の鳥という窮屈な身分から解放され、監視の役人つきとはいえ、ゆっくりと時間をかけた旅行ができるので、けっこうこの旅を楽しんでいたようである。一行の人数は商館長のほか、医師・書役・助役・筆役が四〜六名、それに日本側の役人と年番の通詞、その他の従者がつく。おそらく総数三十〜四十名程度の規模であったと思われる。幕府は一行の通行にあたっては触書を出し、諸事万端順調にこの異国人の旅行が進むよう手配をした。オランダ人たちはこの旅行中に日本の地理、風俗、政治、経済、産業、交通事情などを観察している。ケンペル（1651〜1716）やジーボルト（1804〜85）の「参府旅行」記はつとに有名であり、またジーボルトの大著『日本』（正しくは「日本　日本とその隣国および保護国蝦夷・南千島・樺太・朝鮮および琉球諸島の記録集」）は、本格的な日本研究の先駆けである。

ここでは彼の1826（文政九）年の参府旅行中の京都での見聞を紹介しよう。

三月十八日（和暦二月十日）、伏見を出て稲荷大社を訪れるが、その建物のどぎつい朱色と著しい清浄さに驚く。宿舎ははっきりしないが、河原町三条下ル辺りの旅館であったとも考えられる。そこには宮中のお抱え医師小林桃鳩（義啓　一七八二〜一八四三）や順正書院の新宮涼庭《しんぐうりょうてい》（1787〜1854）、夜にはお忍びで正二位権中納言小倉豊季（1781?〜1830）が息子と娘を連れて来訪した。ジーボルトはこの旅行中にクロノメーターを持参し、この時も宿で経度、緯度を正確に測定し、六時間ごとに気象観測をした。また、京都のくわしい調査のためにあらゆる手をうって、地誌や地理学の本、おまけに植物標本までも買い集めている。これらの交遊や調査、資料蒐集がのちの『日本』の骨格を作っていったことはいうまでもなかろう。

この時のジーボルトの印象では彼らの通った京都の道そのものは大坂よりはるかによく、京都は「日本の工芸と工業の中心地で、住民は活発な商売を営んでいる。われわれが通り過ぎた町のたいていの家は、商店であったり、ないしは開けた窓辺で仕事にはげむ手職人の仕事場であった。その中でいちばん有名なのは漆を塗ったり木を刻《ほ》って金を塗る仕事、さらに絹布の染色や織物の工場、大和錦と鉄工業は有名である。さらに京都には国の造幣所があり、印刷業や色彩の豊かな木版画にも注目すべきものがある」（ジーボルト『江戸参府紀行』斎藤信訳）町であった。

造幣所は両替町御池の銀座のことであろうか。鉄工業や大和錦というのはよくわからないが、全体として当時の京都の産業の様子、手仕事やマニュファクチュア（工場制手工業）の盛んなことがよく理解されている。

泰平の時代がうち続く江戸時代後期の京都の実景と海外人士との交流の一コマであった。

京都へやって来た使節は人間ばかりではなかった。先の朝鮮使節来聘の時には、寛永以降、鷹と駿馬が将軍家へ毎度献上されたため、「鷹行列」が使節一行の通行に先立って江戸に向かった。

江戸時代の全代を通じて、京の最大の見世物は1729（享保十四）年の「エレファント・マーチ」であろう。先述のように1408（応永十五）年に、若狭国へ漂着した南蛮船が黒象を積んでいて、これは足利将軍家へ献上された。この象はのち室町時代に朝鮮国へ派遣された「日本国王使」とともに朝鮮に渡って朝鮮国王に献上され、そこで果てる。おそらくは献上された室町幕府の御所で飼育にもてあましたのであろう。南蛮貿易の盛んであった天正から慶長にかけても、たびたび南海方面からの貿易船によって象が船に乗せられてやって来たようで、家康にも贈られたことがあるという話もある。

このたびの象は、実は時の将軍吉宗（1684〜1751）じきじきの懇望による。曲がったことが嫌いで、折目正しく、節倹を第一の徳目と考えていた吉宗であるが、好奇心も人一倍あり、長崎の中国商人に下命があった。

1728（享保十三）年、ベトナム北都のハイフォン方面からやって来た鄭大威《ていだいい》という者の船に、雄《おす》七歳、雌《めす》五歳の二頭の象が乗せられていた。象にかこつけてひと儲けを企んだ広南商人（中国人でベトナムとの貿易にあたっていた商人）の計略である。このうち一頭は病気で入港後問もなく死んでしまう。しかしもう一頭の雄象は翌年三月、長崎を出発し京都を経て、吉宗が首を長くして待っている江戸へ向かう。この象の参府は稀代のこととして、どこもその噂でもちきりだった。

京都ではとうとう叡聞に達して、上皇や天皇がぜひ見物したいとの意向であった。ところで、天皇は人間でも五位以下の下々の者はお目通りすることはできないこととなっている。あの春日局《かすがのつぼね》（1579〜1643）が無位無官にもかかわらず策を弄して後水尾天皇に強引に会ったことは天皇の激怒を招き、とうとう幕府に恣《はか》らず勝手に譲位する一因となったほどである。

さて、この年の三月二十六日に入洛した象は、上京寺町の清浄華院を宿舎とした。そして「従四位広南白象」というたいした官位を授与され、四月二十八日、中御門天皇（1701〜37）、霊元上皇（1653〜1732）の叡覧に供された。禁裏へ入った象は前足を折って挨拶し、出された酒や優頭、みかんをたいらげてしまった。南方の珍獣を見た天皇の御製が伝わっている。

　ときしあれは他の国なるけだものをけふここのへに見るぞうれしき（大庭脩『江戸時代の日中秘話』）

市民ももの珍しさで、入洛中の象を一日見ようと、その騒ぎは大変だったらしい。泰平の世なればこその親善使節であった。

6 文明開化の京都〈明治時代〉

「御一新」と明治天皇

「御一新の頃」「どんどん焼けの大火事」「天子様のおさがり」「明治陛下の御代」。1950年頃まではこんな言葉を混じえながら、懐旧談に花を咲かせるお年寄りたちが、京都のあちこちにまだ健在であった。私もそのような言葉を聞いた記憶が一再ならずある。けれども、そのお年寄りたちは、世代からいって、明治維新を実際に見聞していたのではない。

その人たちは「米騒動（1918年）の時はまだ子どもだったが、みんなで恐る恐る見に出かけた」とか、「日露戦争のことは話に聞いただけで覚えていないが、明治天皇の大葬（1912年）や、大正天皇の即位大典（1915年）のことははっきり覚えている」などといっていたから、明治初年の京都の雰囲気は、その頃のお年寄りからの「聞き覚え」であろう。

ともあれ、京都の町は幕末から維新を経て、明治二十年代に入るまで、途方もない激動と変革の真只中に置かれた。

江戸時代の半ば、京都は「花の都は弐百年前にて、今は花の田舎たり。田舎にしては花残れり」

（二鐘亭半山）と、江戸の旅人から冷やかされていた始末であった。本山詣での善男善女と鴨川と、それに「花街」の遊女でわずかに賑わいを見せていたその京都が、いきなり政治と権謀の渦の中心地になってしまったのである。

「泰平の眠りを覚《さ》ます上喜撰（蒸汽船）たった四杯で夜も眠れず」の狂歌に詠われたように、アメリカ東インド艦隊を率いたペリー（1794～1858）の軍事力を背景にした強圧に、幕閣はなすところなく、とうとう開国の可否を京都朝廷に尋ねる、という策を思いついた。

ここで人びとは、京都、つまり京都朝廷のレーゾン・デートル（存在価値）にはじめて気がついた、といってよいだろう。それまで一部の水戸学者らによって頭の中だけで思い描かれていた「尊王」が、実際の行動原理を示す「勤王」に変わったのは、その一件からである。やがて運動は直ちに「攘夷」と結びつき、京都は尊攘運動の一大策源地になった。その頂点に立つことを求められ、自らもかたくなに攘夷の実現を使命と信じていたのが孝明天皇（1831～66）であった。世界情勢に目をふさぎ、技術の進歩と産業革命にも気がつかずに、おおげさに日本の運命を悲憤慷慨《こうがい》する「慷慨屋」にとって、京都は一種の「聖地」と考えられたにちがいない。佐幕派、勤王派ともども入り乱れて、京都は一時期、権謀とテロの渦巻く巷になった。その過程で、長州藩を追放する「文久三年のクーデター」（1863年）が起こった。まき返しを図った長州兵による「禁門（蛤御門《はまぐりごもん》）の変」の戦火は禁裏に迫り、そのあおりで、京都は「どんどん焼け」の大火となり、市中の半分以上を焼かれてしまったのである。

それからあとは、幕府の長州戦争の失敗と薩長同盟の成立、徳川慶喜の「大政奉還」による巻き返し、さらに「王政復古」のクーデターによる京都方の主導権の掌握によって、政治の局面は大きく変わった。

そして、「御一新」。

市民たちは「維新の鴻業《こうぎょう》」などという難しいスローガンを、ただ庶政すべて改まることを念じて「御一新」といい換えて、多分に新政に心を寄せるところがあった。そこから錯覚が生まれた。

この十数年間、京都は天皇という、本来の「治天の君」がおわす所として、全国から人びとが群がり集まる場所だった。また、徳川将軍家さえ、十四代将軍家茂（1846〜66）は孝明天皇の賀茂行幸につき従い、最後の将軍慶喜（1837〜1913）にいたっては、将軍就任以来、京坂の地を離れなかった。というより、実は離れられなかったのだが、そのような動きを自己の見聞で知っていると、今度こそは「御一新」によって、江戸幕府が消滅して、京都が名実兼ね備えた首都になるのだ、という期待があったとしてもおかしくない。京都の人びとは、「千年の王城の地」ということにこの時ほど誇りと期待を持った時はなかった、といえる。

しかし「御一新」によって、何とか権力を手に入れた新政府は、最初から途方もない難題を抱えていた。まず新政府は、それまで自ら広めてきた頑迷な「攘夷」思想を、自分の手で「万国和親」の開国路線に大転換させねばならなかった。外国人といえば禽獣の類《たぐい》と思い込んでいた孝明天皇（1831〜67）の存在自体が、実は邪魔になっていたといわれるほど、実のところは開国＝富国強兵が討幕運動家の隠れた常識でさえあったのだ。今度はそれを、人民一般や新政府に抵抗する旧幕勢力に納得させなくてはならない。大名や旗本は武力と政治力とで屈服させられるが、一人一人の庶民にそのことを説明して得心させることはずいぶん手間と時間がかかる。

しかし時は待ってくれない。大坂駐在の外国公使たちは、新政府の開国和親政策の証拠として、万国交際の礼儀にのっとり、新天皇との公式会見を京都で行なうよう求めてきた。以下は京都での最後の外国使臣との応接である。

1868（慶応四）年二月二十八日、京都御所紫宸殿で、まだ十六歳の明治天皇（1852～1912）が、イギリス・フランス両公使とオランダ政府外交担当官をともに謁見することになっていた。ところがこともあろうに、公使中の難物であるパークス（1838～85）英国特命全権公使の行列が宿舎の知恩院を出て縄手通を北へ向かおうとしたところ、やにわに二人の男が躍り出て、抜刀し人馬に斬りかかった。とっさのことながら、日・英の護衛の者や従者が凶漢を斬り、公使自身は無事であったが、随行していた書記官アーネスト・サトウ（1843～1929）の乗っていた馬は鼻と肩に傷を受け、あわやの一大事であった。結局、負傷者は英人十名と日本人三名にとどまったが、その日の謁見は当然中止となった。

この事件は新政府の外交担当者を震えあがらせた。パークスがこの事件を種に、どのような新たな難題を持ち込むか知れたものではなかったからだ。それにも増して、父孝明天皇の死のあと、「玉《ぎょく》」として討幕派の公卿や藩士のいうままに振舞ってきた若き明治天皇の心中はいかばかりであっただろう。また、京都市中に戒厳令なみの厳重な警戒体制をとりながら、なおこの不祥事である。攘夷党はそれくらいでへこむわけはない。幸いこの事件はイギリス側が報復的措置を求めず、翌日パークスは改めて参内して、無事公式行事を終えることができたが、新政権の前途多難を思わせる出来事ではあった。

新政府の難題のもう一つは、五カ条の誓文にもあるように、「広ク会議ヲ興シ万機公論ニ決スヘシ」「官武一途庶民ニ至ル迄各其志ヲ遂ケ人心ヲシテ倦マサラシメンコトヲ要ス」という。また、新政権は人民の意志を尊重して政治を執り行なう、といいながら、実際は薩長土肥などの西南雄藩と、一部公卿の「有司専制」であった。そのことを覆い隠して正義の政権であることを印象づけるために、「王政御一新」「皇基ノ振起」「神武肇国《じんむちょうこく》」の昔に還る、という皇国史観を持ち出さざるを得なかったことである。

このことには、玉松操（1810〜72）、矢野玄道（1823〜87）らの国学者の力が大いに与《あずか》ったとみてよい。1868（慶応四）年二月の官職制では、筆頭事務局に神祇事務局（のちの神祇官）が置かれ、祭政一致の国家神道体制がひかれる。同年の時点では「きりしたん邪宗門の儀は堅く御制禁」（「太政官布告第三礼」）であり、同年十一月の初めての宮中新嘗祭（新穀を天皇が天照大神に捧げる儀式）には、夕刻より明け方まで京都市内の梵鐘誦経などの仏事を禁止した。排仏毀釈《きしゃく》運動の先触れである。やがて、

此度御一新に付石清水宇佐筥崎等八幡大菩薩の称号止めさせられ八幡大神と称え奉られ候様仰せ出され候事……（中略）……本地などと唱へ仏像を社前に懸け或は鰐口梵鐘仏具等の類差置候分は早々取除申すべき事（「京都御触書写」）

と、排仏毀釈・神仏分離の動きが強まり、京都の社寺もすべて「院号」をやめ、「神社」となっていく。

天皇が万世一系の神の子孫であるならば、外来宗教である仏教や、仏を本地とし、日本の神をその現われとする垂迹《すいじゃく》説などは、天皇を戴く新国家のもとでは認められない、というわけである。

これはかなり強権的に行なわれて、一時的にその目的を達したかにみえた。が、結局のところ、祭政一致の大教宣布体制の破産と民衆の不支持によって、長続きはしなかった。この問題では、天皇が「天子」として民意に沿って「庶政一新」の善政を行なう、という看板と、神武以来の「皇統連綿」を受けて政治を行なうという虚構がないまぜになっている。そのために天皇は善政者であるとともに強権の発動者、古代からの「カミ」の子孫である一方で、仏教思想にもとづくさまざまの日本の伝統文化の否定者というアクロバット的な役目を果たさなければならなかった。そこへもう一つの矛盾が重なる。天皇は日本古代文明の体現者でありながら、新国家の「顔」として西欧列強の文明を人より先んじて取り込んでいくモデルにならなければならなかった。

東京へ移ってからのことになるが、明治天皇が「西洋料理」を初めて食べたのは1871（明治四）年八月、洋服着用が翌年五月、その翌年には断髪、そして学問の内容にも国史の他に、スマイルズ著・中村正直訳の『西国立志編』が加わる。そのたびに政府は天皇の開明ぶりを民衆に印象づけようとして盛んに報道した。

天皇は1868（明治元）年九月に初めて東行した。しかしいったん還幸、翌年再び東京へ行幸のあと、天皇は再び京都に住居を移すことはなかった。天皇はしだいに「京都の人」から「東京の人」

へ、そして「古代的伝承と装飾に彩られた生活」から「西欧的生活」へ、一歩一歩足を踏み込んでいく。それはまた、同時に天皇が「文明開化」の最先端を担い、強力な近代国家、統一された中央集権国家のシンボルとして現実の政治にかかわっていく過程を物語っている。それとともに明治初年に新政府が盛んに用いていた「御一新」「庶政一新」の言葉に込められていた理想主義的な政治の色合いが一段と薄れ、天皇のアクロバティックな役割も終わり、やがて明治憲法の制定とともに「大日本帝国を総覧したまう大元帥陛下」に行き着いていく。

取り残された京都の課題

明治初年における前項のような政治の激変と文化や文明に対する急激な価値観の変化は、日本のどの都市よりも、京都に直接的な影響を与えずにはおかなかった。

江戸の場合は、千代田城の主《あるじ》が交替し、権力者が、江戸人の悪口でいえば公方様から「上方のぜい六」にとって代わられただけで、政治の首都としては変わりがなかった。むしろ、参勤交代をとっていた大名はのちに華族として家族とともにそのまま東京に居着くことになったし、京都からは公卿が東京に来た。もちろん薩長の官人もあふれ、いったん無人となった大名屋敷も新政府の顕官が住みつき、さびれゆく心配はひとつもなかった。

パークス遭難事件の直後、天皇は大坂に「親征」する。完全武力討幕を目指す新政府としては、一歩でも天皇自身が「親征」したことにしないと具合が悪いからだ。

天皇はやはり浪華に行在し玉ふ、これによって大坂はおほひに繁昌の体なり、兵庫はさ程賑ひもせぬやうすにて、外国人も大坂へ開店したるものの方おほし、京都は主上おるす故、甚ださびしくなりしといへり。

（「もしほ草第二篇」横瀬夜雨『史料　維新の逸話』）

この少し前、大久保利通（1830～78）から大坂遷都の建議が出ていた。なしくずしの天皇東行による新政府の江戸移転はこのあとだが、新政府としては初めから京都に政権の基盤を置こうとは考えていなかったのだ。「千年の王城の地」を自ら頼んで天皇が今度こそ京都から号令して政治を行なわれる、と思っていた京都人がいたとすれば、それははかない幻であった。だから京都の人びとのたび重なる新政府への懇願や、御所周辺の「お千度」詣りのデモも顧みられることなく、うやむやのうちに「首都・東京」が実現した。

とり残された京都には、1868（慶応四）年閏《うるう》四月、京都裁判所（のち京都府裁判所と改称）が二条城北側の旧所司代に置かれる。初代知事長谷信篤《ながたにのぶあつ》（1818～1902）は急進派公卿で新政府の参与でもあった。政府としては京都を重視したつもりであるが、この時期、太政官と称した新政府のトップはいずれも公卿や大名を据え、その下に実力者の幕末雄藩藩士が控えて執政にあたる、という人事配置であった。あくまでも「王政御一新」の形が必要だった。京都府の場合、長州藩士の槇村《まきむら》正直《まさなお》（1834～96）が、1868（明治元）年九月に議政官史官補として出仕、権弁事、権大参事、大参事、権知事などの職名で実質的に府政をとり仕切った。槇村が長谷のあとを受けて二代知事に就任するのは、1877（明治十）年になってからである。しかし知事就任以前に槇村の目指した施策は次々に着手、着工されていた。京都の当時の郊外地にあるか無きかの伝承などをもとに「第〇〇代天皇陵墓」または「陛墓参考地」を設定して、天皇家の「万世一系」を誇示しようとしたり、社寺の由緒に「記紀神話」を導入することが流行したのもこの頃の新政権のおこなったイデオロギー作戦であった。

槇村のあとは但馬出身の勤王家で、戊辰《ぼしん》戦争には鳥取藩に属して参加した北垣国道《きたがきくにみち》（1836～1916）である。京都という都市が明治初年に再生の手がかりを得たのは、この二人の実行力による。「京都策」と呼ばれ、西欧の先進技術を日本の他の都市に先駆けて取り入れた京都大改造プランは、その第一期が槇村によって基礎ができた。次いで1881（明治十四）年に始まる第二期は、槇村のあとを継いだ北垣の手によって成し遂げられた。琵琶湖疏水《そすい》の完成、その結果としての水力発電所開設、電灯、市内電車の開通などがそれにあたる。

この二人の出身は、ともに討幕運動の先頭に立った勤王派であった。その中堅幹部クラスであったこの二人が、新政府樹立とともに官途につき、その地位を得て縦横に力を振ったことは半ば約束されていたようなものである。

もちろんそれだけではない。槇村の果断な決断力、時には強引ともいえる行動力、人びとの心を先取りする先見性は、はるかに常人より優れていたし、北垣の慎重な判断力、豊富な行政経験を基にした執行能力がすべて京都の地で花開いたわけである。しかし、ここで外来文化を取り入れ、京都再生に魂を入れたもう一人の立役者のことに触れなくてはならない。

山本覚馬とその思想

それはもと会津藩士であった山本覚馬（１８２８～９２）その人である。覚馬はもと会津藩大砲頭《かみ》で、１８６４（元治元）年、藩主松平容保《かたもり》（１８３５～９３）が京都守護職に任ぜられたのに伴い入洛、禁門の変では藩の砲兵隊を率いて活躍したが、その頃から眼病をわずらい、ほとんど視力を失う。加えて、脊椎の病にかかり、起居もままならぬ身となった。１８６８（慶応四）年、鳥羽伏見の戦の際、覚馬は薩摩軍に捕えられ、相国寺西辺の同藩邸に軟禁される。この前後、座敷牢にあっても彼は彼の時勢に対する意見を聴きにくる多くの人びとや門人と語り合い、書物をひもとかせて聴きとった。また、口述筆記をさせて、うむことなく自己の思想を練り、心を鍛えることにいとまがなかった。幸いなことに、彼はまだ身体が自由であった頃、佐久間象山《しょうざん》（１８１１～６４）、勝海舟（１８２３～９９）、西周《にしあまね》（１８２９～９７）らの開明的な思想家、実践家と親交があった。そのことが幽囚生活後の思想形成に重きをなした。その交友はのち京都府出仕後に、多くの人びとから感嘆される広い視野を持つことにも役立った。同年六月、覚馬は薩摩藩主島津茂久（１８４０～９７）に『管見』と題する著述を贈る。その中で覚馬は、まず政体論を説き、立法・司法・行政の三権分立と大小の議事院を立つ、として立憲君主制を構想する。「王」は「官爵ノ権、度重ノ権、神儒仏ノ権、議事院ノ克長ヲ黜《しりぞけ》ル権」にもっぱら帰すにとどめるという。

次に覚馬は「学校」を取り上げ、

我国ヲシテ外国ト並立文明ノ政事ニ至ラシムルハ方今ノ急務ナレバ、先ズ人材ヲ教育スベシ。依テ京摂其外於津港学校ヲ設ケ、博覧強記ノ人ヲ置キ、無用ノ古書を廃止シ、国家有用ノ書ヲ習慣セシムベシ。（後略）

さらに刀剣の漸次的廃止、漸進的郡県制、常備軍の設置と続き、「建国策」においては、商業と工業の振興に大いに力を注ぐべきだ、とする。そしてそのことは旧知のプロシア人ルドルフ・レーマン（1842〜1914）、オランダ人ハラタマ（1831〜88）らによって知るところとなった欧米諸国の繁栄の原動力が商工業の発展によるものだとわかったからだ、という。

覚馬は続けて、無用の薪木伐りを減ずるための製鉄法、健康のための肉食のすすめ、西洋暦法の採用、長子相続を廃する均分相続法などにも触れているが、注目すべきことは「女学」、つまり女子教育の大切さに言及していることである。優れた子女教育のためには、夫婦ともに十分な精神の智を尽すものでなければならぬ、という。このような覚馬の思想が明治憲法や民法典に盛り込まれていたならば、日本の近代はよほど違った国家を形成していたかもしれない。

この『管見』は、口述筆記によるためであろうか、あまり長文ではない。また、商工業の重視などは福沢諭吉（1835〜1901）をはじめ啓蒙学者も論じているところであるが、やっとのことで江戸城が「官軍」の手に入った頃に、ここまでデモクラシーと人権感覚豊かな政論は他にあまり例を見ない。特に建国の策として教育を何よりも重視していることは注目に値する。会津といえば佐幕派の頭目、佐幕といえば頑迷固陋《ころう》な守旧派という先入観が人びとの脳裡に浮かびがちであるが、覚馬の思想は佐幕、討幕を越えて、もっと先の時代を予感し、はるかな海の彼方の新知識を取り込んで、黎明《れいめい》期日本を飾るにふさわしい内容を持っていた。

間もなく、山本覚馬は京都府の顧問格に取り立てられる。『管見』の考え方が槇村らに伝わったためである。槇村もまた開化事業の必要性をよく理解していた。しかし槇村のやった事業を見る限り、その開明性はいささかやり過ぎのきらいさえあった。つまり槇村は、新しいことに手を下すことに人一倍熱心であった。

これは槇村個人の性格だけに帰するわけにはいかない。東京で明治天皇が実践し、中央政府がその全権力を挙げて「ザンギリ頭は文明開化のしるしでござる」とばかりに開化政策、すなわち欧米列強に見習い、それに追いつくことが国家の至上命題であって、新時代の文明のありようはそれ以外にあり得ない、とする価値観を、槇村正直はまず自分の肉体と行動を通して人びとに見せつけねばならなかった。そのために彼は洋服着用を率先し、シルクハットと燕尾服を常用した。むろん府庁へ出頭する区長・戸長にも洋服着用と散髪を強要した。当然、牛肉を食べ、牛乳を立ち飲みする。当時、ことに偏見と差別の厳しかった被差別部落を訪ね、そこの有力者の家で一泊したという話もある。また、排仏の風潮にのって宇治平等院の鳳凰堂を二千円で売り出そうとし、堂前の蓮池を稲田に変えようとした。藤森《ふじのもり》の即就院の阿弥陀如来を解体して府庁に持ち込んだり、淫祠邪教を取り締まる、という名目で節供や地蔵盆の催しを禁じたりもした。四条大橋を鉄橋にするために、寺院の仏具の類が供出されたともいう。知事自らが旧弊打破、すなわち文明開化の権化であり続けることが、彼の実行しようとした政策の成否にかかわっていたのである。

この場合、欧米からもたらされる技術文明こそが、新時代において第一級の価値を持つ文化とされた。西洋の外来文化がそれまであったすべての文化の価値を乗り越えるものとされたのである。時には乗り越えるだけでなく、在来の文化は非文明世界の産物として全否定された。それほど新しい西洋の外来文化はその技術の先進性において強大であり、社会の深部を揺るがす猛烈な破壊力と新たな価値観の創造を伴っていた。槇村知事の施策はいわばその実験場であったのである。

彼の在任中に京都府が中心となって行なった事業の主なものを挙げてみよう。

1869（明治 二）年　日本初の小学校（柳池校）開校、西陣物産引立会社設置

1870（明治 三）年　療病院設立、日本初の府立中学校を開校、舎密《せいみ》局創設

1871（明治 四）年　勧業場開設、フランス語教場開校、京都博覧会を西本願寺にて開催

1872（明治 五）年　府立第一高女の前身・女紅場《にょこうば》創設、府牧畜場開設、西陣伝習生三名をフランス・リヨンに派遣、京都博覧会社創立、都をどりなどを創案、新京極完成

1874（明治 七）年　四条大橋架橋、府営織物工場開設

1875（明治 八）年　小学校教員講習所と付属小学校開設。梅津パピール・ファブリック（製紙工場）開設、染殿を舎密局に設置

1876（明治 九）年　出張授産所開設

1877（明治 十）年　西陣物産引立会社を解散して西陣織物会社に

1878（明治十一）年　日本初の盲唖学校開校
1879（明治十二）年　京都府会開設
（以上、主として京都新聞社編・杉田博明『近代京都を生きた人々――明治人物誌』の槇村正直年譜より）

槇村の最初の事業が小学校の開設から始まったことは、山本覚馬の『管見』の初めのほうの項目に「学校」が取り上げられていることと無関係ではないだろう。槇村の頭脳もまた新しい任地を得て、新時代の息吹きに敏感であったのだ。そしてまた槇村のあり余る才智と実行力には『管見』にみられる山本覚馬の時代の方向づけを持った思想性を必要としたのである。

彼ら二人はしきりに往来した。というより槇村は河原町御池にあった覚馬邸を訪れて要談した。槇村の屋敷も木屋町御池にあり、両人の交際ぶりは徳富盧花《ろか》（1868～1927）の小説『黒い目と茶色の目』にも描かれている。

そして槇村知事在任の最後の年に、京都府会が発足した。覚馬は請われるまま、不自由な身体をおして初代議長に就任した。この府会で、山本覚馬議長は知事と衝突する。権力をかさにきた槇村の議会無視の条令強行をあきらめさせたのである。ここにも槇村の手腕を認めつつも、筋を曲げない民主主義者《デモクラット》覚馬の片鱗を窺うことができる。

新しい外来知識を基に、京都策を次々と実行に移していった人びとには京都出身の明石博高《あかしひろあきら》（1839～1910）がいる。あるいは明石の協力者で舎密局に招かれたドイツ人化学者ワグネル（1831～92）がいる。また山本覚馬の深い薫陶を受けた浜岡光哲《こうてつ》（1853～1936）がいる。同じく中村栄助（１８４９〜１９３８）がいる。雨森《あめのもり》菊太郎（１８５８〜１９２０）がいる。田中源太郎（１８５３〜１９２２）がいる。だが、ここでは前述した徳富盧花の小説の「黒い目」の人、新島襄《にいじまじょう》（１８４３〜９０）を山本覚馬のもう一人の共働者として取り上げるべきであろう。

槇村らの手によって第一期京都策が着々と進み始めていた１８７５（明治八）年四月、大阪でのキリスト教学校開校に成功しなかった新島は、木戸孝允《たかよし》（１８３３〜７７）の紹介で槇村知事とその顧問役の山本覚馬に会った。一説によると、新島を山本覚馬に紹介したのは勝海舟だという話もある。木戸は岩倉大使の欧米回覧旅行で外遊した時、すでにアメリカで新島と出合い、新島はその知遇を得ていたのである。

新島のキリスト教学校設立のプランに、山本覚馬と槇村知事は率直に同意した。これは当時としては破天荒なことであった。宗教界は政府の神仏分離政策で大いに揺れている。キリシタン禁制の高札は諸外国の抗議でようやく取り下げたものの、攘夷思想の余韻も強く、外国人の居住も居留地以外は一般に禁止されているという状況である。特に外国人教師の雇い入れについては、知事の許可を必要とする。このため、各地のキリスト教学校や教会の設立は難航をきわめていた。しかし新島が計画していたアメリカ人宣教師Ｊ・Ｄ・デイヴィス（１８３８〜１９１０）およびラーネッド（１８４８〜１９４３）の雇用も、槇村の一言で簡単に認められた。デイヴィスは空き家になっていた柳原前光邸に住むことになった。

実は山本覚馬は少し前に、この新しい外来宗教思想に触れていた。１８７２（明治五）年に、京都博覧会のため外国人の入洛が許された際、何人かの宣教師も京都へやってきた。そのうちの一人、

M・L・ゴードン（1843〜1900）が自者『天道溯原《てんどうそげん》』（別名『キリスト教の証拠』）を覚馬に贈っていた。武士であった山本覚馬にとっては、キリスト教はまったく新しい世界観であった。覚馬はもはや武士の世の中が崩壊した限りは、「武士道」で人の心をつかむことはできない、商人道でもそれは不可能である、と考えていた。そして「京都策」を知事に進言し、協力しながらも、人びとの心、人それぞれの生き方の何らかの規範が必要だ、と常日頃考えていたのだろう。キリスト教の教えるところは、彼の求めていた思想の原点に適うものであった。覚馬は理性の人であると同時に感性の人であった。この外来の新思想は、彼のまだ瑞々しさを失わない感性を強く刺激するものがあった。

同年十月、社長を新島襄、結社人を山本覚馬とし、覚馬の命名によって設立趣意の「我輩同志ノ徒」から名付けた、「官許同志社英学校」が発足した。場所は新島丸頭町、新島の自宅用借家であった。けれども山本覚馬は、自分が薩摩藩から買い取っていた同藩邸跡の六千五百坪の提供を申し入れ、その敷地に翌年、校舎二棟が完成した。当初の生徒は八名、翌年には四十名に達した。設立当初は、「耶蘇《ヤソ》は邪宗」の偏見も根強く、仏教界からの反撥も大きかった。市民の偏見も相当なものであった。初期の生徒、徳富蘇峰《そほう》（1863〜1957）によれば、「避病院の看板を掲げて旅館を営む」ような状態だったという。けれども、とにかくプロテスタントという新しい渡来思想の芽が、京都の町で根付いたのである。

新島襄はよく知られているように、上州安中藩の藩士の息子として生まれた。覚馬といい、新島といい、出身でいえば旧時代の指導階層に属し、しかも京都に遠く、心情的には旧政権に同情的であってよいはずの人である。その中からこのように新時代の外来思想を進んで取り入れ、その芽を京都で開かせようとした人びとが現われたことは、もっと注目されてよいだろう。それはまた京都の行政の執行官であった旧尊王討幕派の槇村正直らとの出合い、そして相互に私心のない協力関係を通じて、京都の地で彼らの思いが通じあったのである。

　この二人の出会いは、さらにもう一つの新たな人間関係に結びつく。それは山本覚馬の妹八重と、新島襄の結婚である。同志社設立の前後、ほとんど覚馬邸に寄宿しつつ学校設立のことにあたっていた新島は、しぜんに八重を知るようになった。二人はデイヴィス牧師の司会の下に、１８７６（明治九）年に結婚する。この八重夫人は兄覚馬に影響を受け、利発でシンの強い女性だったらしい。槇村が小野組転籍問題で東京において拘禁されている時、覚馬はその釈放のため東上する。不自由な兄の身体をかばいつつ、この旅行に初めから終わりまで付き添ったのが妹八重であった。１８７３（明治六）年のことである。このあたりの情景はＮＨＫの大河ドラマで過不足なくとりあげられた。

　それより先、１８７１（明治四）年、京都府がドイツから輪転式印刷機を購入し、集書館（図書館）に置いた。それを使って翌々年に開かれる博覧会の外国人向け英文パンフレットを作る話がもち上がった。機械はドイツ語講師ルドルフ・レーマンが組み立てた。原文は山本覚馬の口述筆記によるもので、英訳は覚馬の婿養子のつもりで山本家に寄寓していた喜三郎という男性と、槇村の書生をしていた丹羽圭介（１８５６〜１９４１）があたった。活字の文選・解版はその頃女紅場の舎監であった八重が担当したという。絵入り四十八ページの小冊子である。おそらく近代京都で最初の活版印刷であり、初の英文の案内記とされている。この冊子は近年、挿し絵の銅版を製作した石田才次郎（１８４７〜１９２６）の子孫が経営する印刷会社から覆刻された。明治の京都を彩り、京都再生に大きく役立った外国の技術を取り入れた文物は、琵琶湖疏水など巨大な建造物も忘れてはならないが、このように目立たない文化遺産もまた京都の町中のあちこちで、しっかりと息づいているはずである。

エピローグ　東アジアと京都——多文化共生をめざして

内外文化集積の地

山背《やましろ》盆地の北の地域に人びとの歴史が始まって、十世紀以上の歴史が過ぎた。長いといえば長い、短いといえば短い時間の経過である。この期間、平野部にして東西わずか十キロ、南北約二十数キロのこの小さな空間には、実に多くの人と文物が外から持ち込まれてきた。しかもその持ち込んだ源泉のかなりの部分は、この日本列島から大海原を隔てたはるかな彼方である。京都の盆地の狭さを思う時、同時にそこへ持ち込まれた文化、文物の厚みとその源の遠さを思うと、いささか茫然となる。

けれどもこの盆地は、外からの文物の持ち込み、人の交流にとって、決して悪い条件を持っていなかった。むしろ近代までは、列島の内陸部の盆地という位置は、どちらかといえばよい条件であったといわねばならない。大坂や江戸の町を作った沖積平野は、数百年前まで発達していなかった。大規模な築堤や、人工的な港湾設備が整えられない臨海部は、古代でも中世でも、都市を作り上げる条件になかった。一方、奈良の平城京とは異なり、山背国は水陸交通の便においてより優れていた。淀川は西南日本に繋がる大動脈であったし、その先の内海の水路は朝鮮半島や中国大陸との交通上、地理的にきわめて安全なルートを形作っていた。淀川の上流である桂川、宇治川、木津川はそれぞれ山陰、北陸、東山《とうさん》、東海に繋がり、南都奈良とも至近の距離であった。その上に北山からの無数の伏流が、盆地のいたる所で清冽な水を人びとに提供してくれる。四囲を山に囲まれているために水蒸気が多いことと、冷え込みがやや厳しいことが、わずかに難点といえば難点である。古代において、畿内を中心とした政治権力を、全列島的視野のもとに打ち立てようとする時、この盆地に勝《まさ》る条件を備えている所は、他の地域にあまり見られなかった。強いていえば、琵琶湖の水運を東西、南北に活用でき、湖東・湖南の沃野を持った近江が考えられるが、この場合、瀬戸内とやや離れるということがマイナスとなる。

桓武天皇がこの山背国北部を京城の地として選んだ理由は、I－1章の2節で述べたように、多分に政治的理由と氏族的結合に期待してのことであったが、同時にこの水陸の便を「四神相応」の地と見立てたところに、彼の慧眼《けいがん》をみることができる。

そして数百年が過ぎた。

鎌倉の「武者《むさ》ノ世」となると、一時期、政権の所在地は東国へ移るが、平安朝の四百年の間に、京都に積み重ねられた内外の文化の集積は動かしようがなかった。源家三代は京への憧れの果てに死んでいったともいえるし、あとを襲った北条氏も六波羅探題を京都の橋頭堡として確立して、「天皇の謀反《むほん》」に備えねばならなかった。この京都の政治的求心力と畿内の先進的な農村を背景とした経済的実力、手工業者の富や前期的な商人資本の富の蓄積に支えられた京都の栄光は、少なくとも江戸時代初期まで続く。

中国・朝鮮からばかりでなく、ヨーロッパをも含む海外から流れ込んできた絶え間ない文化的刺激が、この町をさらに活気づけ、人びとの日常の営みを多彩なものにしていた。古代、パリやロンドンがまだ森におおわれていた頃、京都はすでに東アジア文明の一ターミナルとして息づいていた。中世になってヨーロッパにようやく文明の光が射し込んだ時、京都で作られた工芸品は、早や、海を渡る高価な贈答品となっていた。

ある人の文明論に述べられていたが、日本の文化は行き止まりの文化だ、という。東から、西から、持ち込まれてきた文化が、この列島で行き止まりとなって、発酵したものだという。確かにそういう見方が成り立つだろう。日本語一つを取ってみても、インド・アーリアン語族のように、大木の幹から順次枝分かれして民族語がそれぞれ成立したのではなくて、南方、あるいは北方の要素が重合して、日本語が成立したとする考え方が有力である。

日本の文化ターミナル

そのような日本列島での文化の重なり合いの場所、いい換えるならば日本の列島文化ターミナルが、わが京都であったのだ。海にほどよく近く、山河が人の往来の妨げとなることはなく、むしろその便を提供してくれた京都の地理的条件が、その文化ターミナルとしての地位を長く保たせ続けた一因であった。

しかし、京都の人びとはこの地へ持ち込まれる文物を手を束《つか》ねて待っていたわけではなかった。必要とあらば、自ら他国へ、海外へと出向いて行った。遣唐使、遣渤海使のような国家の派遣した使節はもちろんのこととして、それ以外に私費で、あるいは商人船に便乗して、また求法僧がどんどん海を渡り、新思想と未見の典籍を請来してきた。それらがやがて禅宗の興《おこ》りとなり、浄土思想のいっそうの展開となって、日本の宗教改革を達成した。

室町政権に至っては、その政権の経済的・文化的基盤をかなりのところまで朝鮮・中国との交易に依存していたことが窺える。文物の請来に至っては、高麗大蔵経の求請のように、ハンガー・ストライキまで使僧に行なわせて、根こそぎ日本へ持ってこようとした。これなどは少々行き過ぎのきらいがあるが、それほど彼らは京都へ海外の文物を移植することに熱心であった、といってよい。

そのような好奇心と新しい思想への順応力は、安土桃山時代をいっそう多彩にした。キリスト教の受容と南蛮文化の流行は、この時代の京都のモダニズムとなった。日本にはかつてなかった厳格な一神教であり、地上の権力である王法をすら完全に否定する、未見のコーロッパ世界の宗教が、なぜ多数の京都の人びとに受け入れられたのか。なぜ死の恐怖にうち克《か》ち、尊い生命を投げ出してまで、その教えに殉じた人びとが、京都という古い宗教的伝統と俗世的な文物に満ちあふれていた町から出たのか。

その問いに対する答えは簡単ではないけれども、京都という町がその頃、海外の文化の受容をごく当たり前のことだと受けとめる気風をすでに持っていたことを、一つの理由とするべきであろう。そのようにみると、異端の宗教を受け入れた風土に、テンプラ、カルタ、南蛮頭巾、タバコがひろまることはわけなかった。京都の大商人たちが長崎へ、そして東南アジアへ出かけて、それらの文物の輸入の尖兵となったことも異とするに当たらなかったわけである。

この進取性は、明治の海外文明の受け入れの時にも受け継がれた。槇村正直知事による文明開化の第一期京都策は、さらに規模を大きくした第二期の策に受け継がれ、他の町に見られない都市再生の引き金となった。

このようにみてくると、京都の人、あるいは京都を拠点として海の内外を結んで活動してきた人は、最も伝統的な町にいながら、伝統的権威に対して、意外にも恬淡《てんたん》としていたことに気づく。確かに軍事力、警察力を備えた権力はうまくあしらわないと、こちらが殺されてもとも子もなくしてしまう。しかし禁裏（天皇）であれ、宗門であれ、頼り甲斐のない武家であれ、実力の伴わない権威に対しては、京都の人は上辺《うわべ》では尊重しているように見せかけながら、時によっては平然と無視し、あるいは破門・投獄覚悟で自己の主張を貫徹してきたのだ。

ここに異形の、あるいは異端の文物を取り込んでいくエネルギーが潜んでいるように思う。そのようなエネルギーを人びとが失い、伝統的権威にすがったり、その儀規や因習に縛られた時、あるいは権局にこびへつらった時、この京都は生命力を失ってしまうのではないか。

単一民族史観の克服

最後に異なったアイデンティティーを持つ人びととの共存について述べたい。このことを考える時、やはり桓武天皇という人は政治家としても出色であり、相当な人間だったと思う。彼が専制者であり、王権拡張主義者としてまつろわぬ者に強圧的であったことも事実である。ただ、彼が天皇の位に就いたのは、かなり偶然が作用したことを否定できない。初めから身一つで実力をつけて権力を奪ったわけでもない。しかし、百済《くだら》からの渡来氏族を母系に持つことを隠さず、その条件をテコとし、山背盆地在地の渡来系氏族の秦《はた》氏の力を最大限に引き出して、新政権を打ち立てた、という事実は彼の並々ならぬ手腕である。

桓武登極の少し前、奈良時代には仏教を国教化し、中国渡来僧を重用する風潮の中で、朝鮮半島からの渡来系氏族は、ややもすれば一段低く見られる傾向があった。秦氏、漢《あや》氏などが中国の昔の皇帝の後裔だと自称し始めたことも、そのような風潮があってのことである。けれどもその風潮は現代の在日韓国・朝鮮人に対する偏見などとは異なっていた。

むしろ天皇家や藤原氏などに対する、記紀編纂事業を通じて高まってきた貴種信仰と官位の独占が進む過程で、バスに乗り遅れまい、とする意識と中国文明渇仰《かつごう》の風潮の狭間《はざま》に取り残されそうになった秦氏、漢氏らのアイデンティティー確保の欲求があったと思われる。桓武はこのような時勢の動きを見抜き、渡来系氏族の実力を正当に見積って、その出自を積極的に評価した。氏・姓を改めたい者にはそれを認め、官位・官職を惜しみなく与えた。

秦氏のような在地豪族として経済的実力の活用にとどまらず、坂上田村麻呂、菅野真道《まみち》ら文武のトップレベルの指導者が、彼らの中から誕生した。これらは氏族の尊卑に捉われぬ人間・桓武の、人に対する公平な取り扱い方が結実した、というべきだろう。

これらのことは、日本という古代国家が東アジアの一角に置かれ、人と物の渡来、時には往来が盛んであったという政治的・文化的状況からみるならば、特別に不思議なことではなく、あり得た政治現象であり、文化現象であった、といわねばならない。

今日、その頃、つまり飛鳥から奈良時代を経て、平安初期に至る歴史叙述の中で、渡来系氏族の果たしてきた事蹟や役割はようやく注目されつつある。近年ではさまざまな研究成果にもとづき、一般の認識も高まりつつある。そう考えると、今日流でいうならば、当時でも稀な広い視野と人材登用の術《すべ》を心得ていた桓武天皇のことを、日本史上、あるいは京都の歴史の上で、多様な側面からもっと照らし出してもよいのではないだろうか。

古代だけではない。本書でみてきたように、鎌倉・室町の中世においても、京都、否、日本の歴史は東アジア世界の一環にしっかりと組み込まれていた。むしろ、そのことによって日本の中世や近世は経済的にも文化的にも大きな発展を遂げることができたのである。

幕藩体制下、一種の海禁制のもとにおける近世においてもそうであった。とりわけ同じ儒教文化圏、漢字文化圏である中国・朝鮮との親近感、文化的一体感はなお江戸時代の文化のひとつの基調であったことを忘れてはならない。中国からの渡来僧や亡命儒学者の来日、それに十二度にわたる朝鮮通信使の来聘《らいへい》は、日本近世のエキゾチシズムだけではなく、東アジアの共通の文化圏を相互に認識しあった絶好のチャンスであった。

とりわけ、朝鮮通信使の往来により、「鼻塚」がかたるような秀吉の「暴悪」に終止符をうち、二百年にわたる対等な「交隣関係」が確立したこと、家康の衣鉢をついて秀忠が朝鮮通信使一行と伏見城での謁見の場であらためて親密な友情をかわしあったことは長く記憶されるべきことだろう。京都の市内にはその事跡を語る場所や遺品が数多く残されている。

問題は現代にある。
京都の文化、ひいては日本の文化が、太古の昔からこの列島に住み着いていた人だけの手によって育まれてきたものではないことは、ほぼ明らかになった。京都の文化はこの二千年余にわたって絶えざる海外からの文化的刺激と、人と物の交流によって再生産され、より豊かなものに育ってきたのである。

現代において、日本国は単一民族たる日本人のみによって構成されている、という考えは、事実を事実としてみない架空の意識の産物である。北海道には先住民族が厳しい条件の中でも厳然として存在し、また現代史のただ中で生み出された在日韓国・朝鮮人、あるいは中国人が数十万人も日本で暮らしている。それ以外の民族出身者でこの列島に住み着いている人も急速に増加している。日本国の強制によってその姓名を変えさせられた人、あるいは渡日後亡くなった人を入れれば、その数は二倍にも三倍にも上るだろう。また沖縄では今なお琉球王国の栄光を伝える人々が、その伝統文化を伝えている。その人たちのそれぞれの文化を、たとえ彼らが日本国籍を取得していたとしても、尊重する社会でありたい、と痛切に思う。

なぜなら、私たちの歴史は東アジア社会の歴史の一部として存在し続けてきたし、今後もそのことに変わりはない。私たちが生きている現代の日本文化も、東アジアの列島に実を結んだ一つの文化に他ならない。だとすれば、そこに生き、住んでいる人びと《ひと》が等し並《なみ》に共存できる社会でなくてはならない。たとえ民族的に少数派であったとしても、担っているそれぞれの文化が尊重されることによって、初めて共存の条件が備わる。

日本の他の町と比べても、類稀《たぐいまれ》な渡来文化受容の地、京都の歴史をみる時、さまざまな文化の尊重、異質な文化を担った人びととの共存の大切さを改めて考えさせられる。

あとがき

　このところ、京都の町には外国人の観光客があふれている。それも今までのように一見してわかる欧米系の外国人ではなく、中国、韓国、東南アジアなどからの人々も多い。なかでも和服を着て、日本風の髪形で和服用のポーチを手にした二人連れを見かけることも多い。

　耳をそばだててみると、彼、彼女たちの話している言語は日本語ではなく、中国語や韓国語なのだ。ときには私がまったくこれまで耳にしたことがないことばの話者であったりする。こんな現象はパリやニューヨークではあたりまえのことなのだが21世紀に入り、アジア諸国の経済力が急速に成長を遂げ、それらの地域の人々が海外の旅行を楽しめる日々がようやくきたのだ。そのおかげで日本の航空会社や旅行社、そして観光業者は日の当たる産業になった。それはそれで結構なのだが、その京都にやってくる内外の人々はいったい、京都に何を求めてくるのだろうか。そしていわゆる京都らしさとは、何なのだろうか。たしかに京都という土地は１２００年以上、首都であった。そしてその間の歴史がつくった遺跡や文化が、幸いなことに今も多く残されている。それらは京都、いや日本の各地で日々を暮らしている私たちにとっても素晴らしい価値をもったものだ、ということはよくわかる。

　しかし歴史やその地で育まれたさまざまな文化は、その土地で暮らしていた人々のみで形成されたものではない。長い歴史を考えてみると、そもそもこの京都の盆地に住み着いた人々は、この列島の各地はもとより、東アジアのさまざまな各地、ときには遥かな地球の裏側から来た人もいた。そして彼らのもたらしたさまざまな文化や文明の利器が、この小さな盆地で華ひらき、時代をつくってきたのだ。そしてそれらの遺産が私たちの文化に継承されて、ここに至っている。現代の京都の文化やその文化に浴している私たちも、京都を訪れる内外の人々同様にその遺産に感動し、心を豊かにしている。

この京都の文化の成り立ちにもう一度目を凝らし、思いを馳せてみよう、ということが、私の願いであった。21世紀を生きる私たちにとって、そこから学ぶべきものは少なくない、という私の思いが共有されれば幸いである。

もうひとつ強調しておきたいことは、その文化認識で考えるべきなのは「東アジアの中の日本」ということである。この列島、とりわけ京都で熟成された文化の淵源は、朝鮮半島や中国大陸をはじめとする東アジアの文明につらなっており、また直接的にも間接的にもそこからやってきた人々、またはそれらの地域からやってきた縁につらなる人々に負うことがとても多い、ということである。そのことは本書の「まえがき」で述べた。本書を再度読み返し、あらためてそのことを強調しておきたいと思う。というのは今も、京都を訪れる観光客を相手にさまざまな案内書やパンフレットのたぐいがあふれかえっているが、この点を強く意識したものは非常に少ない、と私は危惧している。行政のいう京都は、「国際文化観光都市」「世界文化自由都市」であるが、その中にはどれほど京都の文化と東アジアとの繋がりを意識したものがあるだろうか。このことは学校教育の面でもいえる。また学会においても、日本史と世界史または東洋史との研究交流は、あまり活発とはいえないように思う。それらの諸問題の克服が21世紀の市民的課題だとあらためて思う。

　本書は淡交社から上梓した拙著『京都の渡来文化』（1990）を大幅に改訂し、各章を補足したものである。とくに私の専門領域である朝鮮通信使のことがらは、その後の研究や研究者各位の成果にもとづき大幅に改訂するとともに、京都文化の代表格として多くの人々に京都の年中行事の最圧巻である祇園祭の国際性の重要性に着目して、時代の順を超えて巻頭にかかげ、書名を『京都の渡来文化と朝鮮通信使』と改めた。また参考文献は、前著刊行以来長年月がたち、以後の研究の進展やその成果の刊行物も多岐にわたるため、省略した。ご海容を乞う。

　最後になったが、改訂版刊行をお勧めいただいた阿吽社の小笠原正仁社長、編集担当の大槻武志氏と前島照代氏、そして装丁を担当していただいた清水肇氏に心から謝意を表し、おわりのことばとしたい。

2019年5月吉日

近江の寓居にて　仲尾　宏

著者略歴

仲尾　宏（なかお・ひろし）

1936年京都市生まれ。同志社大学法学部政治学科卒。京都造形大学歴史遺産学科教授などを経て、現在同大学客員教授。専攻＝日朝・日韓関係史。

（公財）高麗美術館理事。（一社）在日コリアン人権問題研究センター理事長。
（N）朝鮮通信使縁地連絡協議会理事。（公財）京都市国際交流協会理事、ほか。
朝鮮通信使ユネスコ世界記録遺産登録日本側学術委員長。
主な著書：『善隣と友好の記録　大系朝鮮通信使』（全8巻・辛基秀と共編）。『朝鮮通信使と徳川幕府』、『朝鮮通信使を読みなおす』、『朝鮮通信使の足跡』、以上、明石書店。『朝鮮通信使―江戸日本の誠信外交』岩波新書ほか多数。
2002年　京都市国際交流賞
2007年　京都新聞学術文化大賞

装丁　清水　肇［prigraphics］
組版　小山　光

京都の渡来文化と朝鮮通信使

2019年6月15日　初版第1刷発行

著　者――仲尾　宏

発行者――小笠原正仁

発行所――株式会社 阿吽社
〒602-0017 京都市上京区衣棚通上御霊前下ル上木ノ下町 73-9
TEL 075-414-8951　FAX 075-414-8952
URL : aunsha.co.jp
E-mail : info@aunsha.co.jp

印刷・製本――モリモト印刷株式会社

ISBN978-4-907244-37-8 C0021
定価はカバーに表示してあります